ESTOU COM CÂNCER, E DAÍ?

CLÉLIA BESSA

ESTOU COM CÂNCER, E DAÍ?

Colaboração
Bebeth Lissovsky

Cobogó

Sumário

Apresentação   7

1. **Do diagnóstico à primeira sessão de quimioterapia — ou O primeiro diagnóstico a gente nunca esquece**   11
   Se situando no tempo   16
   E agora, como contar?   20
   Diversão é solução sim! E sexo, claro   23

2. **A vida durante a quimioterapia**   27
   Meu aniversário: câncer dá prestígio   33
   Cabelo, cabeleira, cabeluda, descabelada, a gente só pensa naquilo!   35
   Pequenas férias   41
   Pequenos desconfortos: aproveite, dê uma carteirada   44
   Última quimioterapia   50

3. **Entre a quimioterapia e a mastectomia**   53
   Adote uma família   58
   Jogue fora no lixo o que não serve!   62
   Ainda estou com meus seios, e daí?   68
   Mamãe, câncer é hereditário?   72
   A despedida do seio em grande estilo   75
   Que venha 2009   78
   A escolha da clínica   83
   Promessa é dívida!   84

4. **A vida pós-mastectomia ou O retorno à vida normal** 87
   Mastectomizada, e agora? 89
   Voltar duas casas para avançar dez! 96
   Câncer dá Ibope? 99
   No Carnaval: sem peito e sem documento 100
   Quando dois números a mais não fazem diferença, e o mundo das próteses! 103
   Dia "Espelho meu, existe alguém mais bela do que eu?" 105
   Terapia das compras: cuidado, o cartão do câncer não paga aluguel 109
   TPM? 111
   Marcha, soldado, cabeça de papel 113
   Todo dia é Dia de Índio! 115
   Tempo, tempo, tempo, tempo, faço um acordo contigo 119
   Seu Bessa, aguenta firme! 134

5. **Cirurgia de reconstrução, vida que segue** 147
   Um novo corpo 149
   Mamãezinha querida 154
   Um corpo mais novo ainda 157

   Epílogo 161
   Saudosamente me despeço de vocês 161
   Adendo 163

   Agrdecimentos 165

Apresentação

Resolvi escrever sobre ter câncer e as sensações que a doença desperta simplesmente porque não me sentia com câncer, dá pra entender? Quer dizer, me sentia, mas não da maneira como estamos acostumados a ver por aí, digamos, na mídia. E porque acreditava que devia haver muita gente sentindo o mesmo que eu, queria compartilhar e fazer alguma coisa com essa sensação. Já tinha pensado várias vezes sobre o assunto, afinal, se a vida te deu um limão, faça uma caipirinha. Pensei em me engajar na campanha sobre o câncer de mama, procurei sites sobre o assunto, participei da Corrida e Caminhada Contra o Câncer de Mama, enfim, fiz o Caminho de Santiago de quem recebe a notícia de que está com câncer. E mesmo achando tudo muito relevante e importante, nada fazia eu me sentir melhor. Até que, numa grande livraria, fui parar na seção de autoajuda (é impossível não ir até lá quando somos pessoas com câncer) e vi um livro chamado *Câncer — E agora?*,[1] de Kriss Carr. Gostei da capa, bem bonita e que nem de longe parecia tratar do as-

---

1. Carr, Kriss. *Câncer — E agora? Como lutar contra a doença sem deixar a vida de lado*. São Paulo: Globo, 2008.

sunto. Li a orelha, beleza. O prefácio era da Sheryl Crow, uma espécie de Mulher-Gato que canta e compõe bem e ainda tem uma lista invejável de ex-namorados legais do universo pop. Comecei a ler ali em pé, perdi o cinema a que ia em meia hora e só larguei porque senão, no dia seguinte, já teria acabado. Tinha me apegado ao livro. E tinha achado uma maneira de rir de mim mesma, o que, eu já sabia, é fundamental. Quando acabei de ler, pensei, quero fazer isso! Escrever e compartilhar com pessoas com quem tenho afinidades.

Liguei para minha amiga, sócia, comadre RRRRôse (gosto de chamá-la assim) e contei. Ela: "Legal Clélia, excelente, escreve sim, maneiro." Esqueci de acrescentar um adjetivo pra ela — animada! Somos sócias e amigas desde 1993, e faz tempo que compartilho com ela as coisas mais importantes da minha vida. Por causa de pessoas como ela, as palavras "na saúde e na doença, na alegria e na tristeza, para amar e respeitar..." existem e fazem sentido. É uma sorte ter uma amiga assim. Na verdade, quando esboço fazer alguma coisa, ela sempre me anima. É como se, no caso de eu me dar mal, *no problem*, porque sei que ela estará ali por perto.

Cheguei em casa, abri um blog e escrevi de uma tacada. Mandei então pra minha mãe, que demorou a ler porque estava muito ocupada jogando buraco virtual — "Tá, quando ler te ligo, ham, ham" — e pra minha Tia.com (é assim que ela assina atualmente), que é a RRRRôse da minha vida em família. Essa então me acompanha desde sempre, mas, de uns anos pra cá, como estou quase da idade dela, ficamos mais amigas. Ela leu e fez um comentário do tipo "Você é muito corajosa de se expor assim". Aí eu pensei: será que sou corajosa ou exibida? Mandei também para a Vieira, amiga querida que tenho. Essa joga pesado, eu sabia que me faria um monte de perguntas e que, se achasse ruim, não me pouparia da verdade, mesmo que eu estivesse com o pé na cova.

Com bons retornos de pessoas que amo resolvi continuar, me empolguei e saí escrevendo. A vontade de falar era tanta que acabei encontrando um monte de gente faladeira que nem eu. Era uma quantidade de assunto que não acabava mais, afinal, não é um tema sobre o qual se converse naturalmente, "E aí, estou com câncer, será que vai chover?".

No blog pude compartilhar experiências; fiz amigas, me diverti, me emocionei. Foi lá que eu tive a possibilidade de receber o carinho de pessoas que nunca tinha visto e dar uma força pra quem não conhecia. E era pra lá que eu ia sempre que queria me sentir melhor, mais forte e positiva.

Dele, mantido, com intervalos, por quase dois anos e com a valiosa contribuição da minha amiga Bebeth, nasceu este livro. E como sou produtora de cinema e tenho a Rosane Svartman como parceira, tudo acaba em filme. Do blog nasceu o longa *Câncer com ascendente em Virgem*, de Rosane Svartman, numa tela perto de você.

1. Do diagnóstico à primeira sessão de quimioterapia — ou O primeiro diagnóstico a gente nunca esquece

Em maio de 2008, logo após ter levado um pé na bunda, eu estava tomando aquelas resoluções clássicas: cortar o cabelo, comprar umas roupinhas baratas e diferentes, trocar alguns móveis de lugar para não ver o fantasma do ex circulando pela casa, ligar para os amigos que não via há tempos porque tinha andado muito apaixonada, lavar o tênis para andar na Lagoa Rodrigo de Freitas e queimar alguns quilinhos extras que sobram depois de uma relação estável, ir ao dentista, para ficar com o hálito refrescante e os dentes brilhantes, e ir ao ginecologista dar uma geral no estilo "lavou tá novo".

Liguei para marcar a consulta com a minha médica, Claudinha: "Oi, Clélia, não esquece de trazer os exames antigos, ok?" Beleza. Duas semanas e três cancelamentos depois, saí da consulta com o pedido para a mamografia. Ainda bem que tem laboratório perto do escritório, lembrei, vou de bicicleta e aproveito pra fazer um exercício etc. etc. Mais duas semanas depois, de volta ao consultório, e tá tudo muito bem, tudo muito bom, mas, nam, nam, nam, nam, a médica pediu para fazer uma ultrassonografia: "Não estou gostando disso aqui, olha só, há oito meses que você não fazia um exame, não pode deixar passar tanto tempo, por favor." O apressado come cru, mas o descansado passa fome! Entendi o recado. Fiz o novo exame e pedi a um portador que o deixasse no consultório. Pouco depois, o telefone tocou. A neurótica (em se tratando de médico é uma virtude) da minha ginecologista, graças aos céus, zelosa, ligou e disse: "Acho melhor você dar uma passada aqui, e com tempo."

Quando sua médica diz que precisa falar com você com tempo, quando isso não parte de alguém que quer esticar o programa, fique alerta! Na maioria das vezes é papo sério. Não tem chopinho no final e com certeza ela não quer discutir a relação.

Três horas depois da consulta, eu já tinha dado mais de cinquenta googladas tentando entender o mundo maravilhoso dos termos médicos. O tempo agora começava a mudar de endereço, era todo meu. Dois dias depois, mais exames e menos concentração nos compromissos agendados pra semana. Três dias depois, um pouco mais pobre porque o plano de saúde não cobria determinados exames (quis economizar em outro momento), e mais atarantada com a rapidez dos acontecimentos, PARA TUDO!

Oi, Guru (como me refiro ao meu médico de plantão particular e que sempre relativiza minhas "doenças imaginárias"), está acontecendo isso, isso e aquilo, o que você acha? Me indica um mastologista, por favor. Por causa da influência dele, o que só tinha data em agosto abriu uma brecha na agenda.

Fui à consulta na companhia de uma amiga mais prática, objetiva e pragmática do que eu, e ouvimos: "É, parece que é, vamos precisar de mais exames." Uma ressonância magnética e mil reais mais pobre, e dessa vez na companhia da mãe, resultado em cinco dias. Pimba.

Não é um, são três. Merda. Mais exames, biópsia, qual é o tipo, corpinho, densidade, CPF, identidade, se os tumores são apressadinhos, se estão acomodados, enfim, vamos encarar o bicho. E mais mil e quinhentos reais mais pobre.

Foi a pior espera da minha vida. Não dava pra pensar em mais nada, nem um chopinho de *happy hour*, bate-papo, nada. É praticamente impossível falar besteira numa hora em que se espera um diagnóstico como este.

Voltei ao médico, dessa vez com minha mãe e minha tia. E sem compromissos profissionais agendados pra semana. Já sabia o resultado e só esperava uma explicação, um milagre ou, pelo menos, o grau de gravidade.

Puta merda, por que comigo? Fui uma boa aluna, sou uma boa filha, boa mãe, amiga, nunca fiz mal a ninguém (que me lembre), faço feira orgânica, dou cesta básica no Natal, digo com licença, por favor e obrigada. Sou do signo de Câncer, tudo bem, mas o que uma coisa tem a ver com a outra?

Teto preto, silêncio, estátua. Como ser forte com a mãe do lado? Posso ir ao banheiro, por favor? Ficar sozinha por um momento era uma tentativa de recuperar as forças, ou procurar por elas. Ou quem sabe ser abduzida por uma energia externa que me tirasse dali imediatamente. Ou, peraí, quando o diretor vai dizer: "Corta!" Não adianta... nada de diferente acontecia, era aquilo mesmo.

Vamos lá, doutor, o que fazer? Ele me recomendou um oncologista. Eu estava realmente com câncer, e, para quem odeia filme de terror e suspense, imagina só o tamanho deste C-Â-N-C-E-R.

Teve início então um novo momento, no qual algumas palavras e expressões como quimioterapia, aplicação, mastectomia ou masectomia, radioterapia, cirurgia de reconstrução etc. deixaram de ser parte de uma literatura distante e foram introduzidas no meu vocabulário cotidiano. Eu tinha que ser prática e objetiva para lidar com tudo isso, afinal de contas, minha filha estava com 12 anos! E aqui vale um comentário: não conheci nenhuma mãe que tenha recebido um diagnóstico como esse cujo primeiro pensamento não tenha sido o mesmo: os filhos. E mais, precisava contar para as melhores amigas, resolver o plano de saúde, já que tinha optado, antes, por um plano só de internação. Voltei ao plano tradicional e ficou tudo certo, não precisei fazer rifa nem vaquinha entre os amigos, apesar de ter achado uma boa ideia, que podia ajudar a concretizar meu plano de viajar com minha filha e minha mãe para comemorar nos EUA com Obama. Eu, Nova York; minha filha, Orlando; e minha mãe, Miami. Isso é o que se chama conflito de gerações.

Logo que recebi o diagnóstico, não consegui chorar, urrar Ó meu Deus nem me descabelar (depois, me descabelar ficou impossível!), e me senti quase culpada por isso, resquícios do cristianismo do vovô Bessa, certamente, e do manto sagrado que se coloca sobre o assunto. Não quero diminuir o peso da situação e sei o quanto ela é grave em muitos casos, toc, toc, toc, mas, sinceramente, passado o susto inicial, nunca achei que fosse morrer. Confesso, quase envergonhada, que pensei, putz, vou colocar peitos novos e do jeito que eu quero! Quem experimentou os velhos, ok, tem milhagem. Pensei nas diversas mulheres que poderia ser com perucas diferentes e, por não ter noção do que vinha pela frente, me autossacaneei o quanto pude, o que ajudou bastante. Graças a minha amiga Bebeth, que entende da reforma ortográfica bem mais que eu, pude me autossacanear com dois ss! Fora, é claro, saber que câncer de mama hoje é realmente curável e que todo mundo conhece alguém, amigo de alguém, a mãe, a sogra etc. etc. que já passou por isso e está ótima! Atenção, este "está ótima!" é de regra. Se a pessoa morreu, não pergunte. E se alguém estiver contando e parar no meio, não queira de maneira nenhuma saber o final, a pessoa citada certamente deu uma morrida, e isso não te fará bem. Você começa a contar nos dedos da mão direita e da mão esquerda quem morreu e quem não morreu e vira uma espécie de Ibope do câncer, pesquisa de boca de urna, um inferno. Melhor ir concordando com a conversa, balançando a cabeça, ham, ham, mas ficar pensando em outra coisa. Além do quê, você vai achar que todo mundo teve câncer de mama e só você não sabia!

Foi só quando comecei a me livrar da burocracia é que caiu a ficha: caralho, e agora, o que eu faço?

Chorei e chorei e chorei, até ficar com o nariz muito entupido e os olhos muito inchados. Queria ficar sozinha e sofrer tudo de uma vez ali até a última ponta, até esgotar. E esgotou. Aconteceram algumas choradas de vez em quando, mas não fiquei, como nunca fui, uma pessoa chorosa.

Sempre que ouvia falar de câncer era aquele pavor. Meus pais perderam um casal de melhores amigos pro câncer, mãe de amiguinho da escola, pai de namorado, era um rastro digno de faroeste. Dava medo, mas, por outro lado, eu sabia que não era mais assim, que os tratamentos tinham evoluído muito e que câncer não era sinônimo de morte. Comecei um novo momento sob o eco dos comentários da minha mãe e da minha tia, que acharam meu mastologista um gato ("Ele nem parece médico! Que astral!" — duas maluquetes, lógico). E elas ainda não tinham conhecido o meu oncologista.

Se situando no tempo

Como diria o Jack, o Estripador, vamos por partes. Sou produtora, convivo com prazos, cronogramas e, como tenho uma memória horrorosa, escrevo todas as datas importantes senão esqueço para todo o sempre. Já esqueci até quantos anos eu tinha, acredite, e não escondo idade ainda. Esqueci o ano em que me formei, e quando fui dar aula na PUC e me pediram o diploma é que lembrei que, além de não ter ido nunca mais à faculdade onde me graduei, nem para pegar o diploma, não lembrava o ano. Tive que recorrer aos universitários! Literalmente, aos meus contemporâneos.

Dito isso, vamos dar ordem aos acontecimentos: minha primeira visita ao mastologista, com minha tia e minha mãe, foi no dia 21 de maio de 2008. No dia 4 de junho, foi confirmado o câncer. No dia 12 de junho foi a visita ao oncologista. Pensem bem, eu estava sem namorado (recapitulando, levei um pé na bunda), e no Dia dos Namorados estava indo para a minha primeira consulta com o oncologista! Programão imperdível, quase deprê, e sem direito a encher a cara depois, nem ia pegar bem.

Para coroar, saímos do Jardim Botânico para Copacabana e resolvi ir pelo Túnel Velho. Passamos obrigatoriamente, então, por onde? Adivinhem? Pelo cemitério! Foi demais pra mim. Seria uma premonição? Teria algum significado? Seriam os deuses astronautas? Falei, "Mamãe, é um toque do além...", mentira, não falei isso pra minha mãe, não, só pensei. Do jeito que ela é impressionável, seria capaz de entrar em parafuso.

Sempre tive certa antipatia por Copacabana. É difícil ir até lá, não tem lugar pra estacionar, é longe pra ir de bicicleta daqui de onde eu moro, um leve caos urbano, e os dentistas, ah, os dentistas, numa espécie de combinação geográfica territorial, atendem todos naquela área. Quem mora no Rio sabe. Agora, confesso, amo Copacabana. Meu mastologista e meu oncologista atendem nesse nobre bairro, e eles são, decididamente, as pessoas em quem mais confiei nesse período da minha vida.

Aquele dia 12 de junho, minha primeira visita ao oncologista, foi realmente o dia em que fiquei mais triste. Saí de lá um trapo. Tirando o fato de o Eduardo ser uma pessoa bastante agradável e gente fina, tudo que vem da boca dele é chumbo grosso. Porque é nesse momento, com o oncologista, que você tem a dimensão do seu tratamento, quanto tempo vai durar, o que vai acontecer com o seu organismo, quais as drogas vão habitar o seu corpo durante um bom tempo (e que, infelizmente, não dão onda nenhuma), e por aí vai.

Na clínica foram todos muito amáveis. Na sala de espera, encontra-se de tudo: homens e mulheres nos mais variados momentos do tratamento. Eu cheguei toda serelepe, Oi, pessoal, tudo bem e coisa e tal. Achei que podia ler os pensamentos dos presentes: Puxa, ela não sabe o que vem pela frente.

Quem é mais ou menos da minha idade deve ter visto um desenho animado chamado *Batfino*. Era um morcego vestido com roupas de caratê cujo bordão era "Suas balas não me atingem, minhas asas são como uma couraça de aço". Cheguei assim para a consulta e, duas horas depois, saí mais parecida com outro personagem de desenho animado, cujo bordão era: "Oh, céus, oh, vida, oh, azar, eu sabia que não ia dar certo..." Foi muito triste. Tinha caído a ficha de que eu realmente estava com câncer, que minha vida estava nas mãos de outras pessoas, que eu, tecnicamente, não podia fazer nada, e que, a partir daquele momento, os tumores ocupariam 80% da minha vida, ok, 90%, melhor, 95%. Todo o meu cotidiano giraria em torno deles.

Saí de lá zonza e com providências importantes a tomar: teria que colocar um cateter (calma, mais à frente explico o que é), fazer mais um monte de exames e marcar a primeira quimioterapia. Pedi para a químio ser depois do meu aniversário, dia 9 de julho, sem problemas, disse o médico, é o tempo dos exames, seria isso mesmo. Mas resolvemos que seria logo, o meu cabelo começaria a cair e pronto: vamos acabar logo com isso!!!

Em casa, evitei minha filha, fugi da minha mãe e da Rai (minha governanta e amiga) e me tranquei no quarto. Chorei, chorei, chorei, e me dei conta da minha vulnerabilidade. Minha cabeça não parava, tive os piores pensamentos naquela noite, me senti um ser pequenino, frágil, desprotegido, injustiçado, que pelo resto da vida conviveria com uma faca na cabeça. Cansada e sem conseguir dormir, tomei um remédio e apaguei.

Naquele dia, tenho certeza, acabou mais um pouquinho da minha inocência. Minha convivência e batalha com e contra o câncer tinha realmente começado. Era o dia 12 de junho de 2008, Dia dos Namorados, e eu tinha acabado de conhecer uma pessoa por quem me apaixonei perdidamente: eu mesma.

E agora, como contar?

Alguns dias depois da maratona de consultas e exames, já com o diagnóstico inicialmente digerido, era a hora de contar para os amigos mais próximos e, principalmente, para minha filha, que naquele momento vivia o esplendor dos quase 12 anos. Primeira menstruação, hormônios a mil, humor inconstante, enfim, uma pré-adolescente. E qual é a coisa mais importante do mundo para uma pré-adolescente? Os cabelos! E qual é a primeira mudança radical no visual de uma paciente de câncer fazendo quimioterapia? A queda dos cabelos! Fora estarmos vivendo momentos tão diferentes, como abordar esse assunto?

Para os amigos mais íntimos, mandei um e-mail mordendo e assoprando, do tipo, "Estou com câncer de mama, não se preocupe, descobri a tempo, não vou morrer, te amo, um beijo, tchau". As mais variadas respostas, estou passando aí, e uma solidariedade incomensurável.

É realmente muito bom ter amigos, tudo que eles dizem nesse momento faz seu coração bater palminhas, que nem aquelas almofadas em forma de coração com bracinhos que se vendem nas rodoviárias e afins. Como você não consegue pensar em outra coisa, naturalmente, é bom ter amigos diferentes para alugar ouvidos diferentes em horas diferentes. Não dá pra jogar tudo num só! Você pode até ficar aliviado, mas o pobre do amigo sai arrasado depois de uma conversa com esse teor e tem que tomar um banho de sal grosso. Cruzes! E o que é pior: vai te evitar. Se possível, ligue para o bom e velho psicanalista para te ajudar a elaborar e encaixar o golpe e pedir com jeitinho o colinho dos amigos, que é o mais bacana. Eles se sentem mais úteis, e, mesmo que seja só para ver a novela do seu lado, é uma delícia. E como dizia o Barão de Itararé: de onde você não espera nada é que não vem nada mesmo — aquele amigo casual, que você encontra na noite ou nos eventos, esquece. Ele não é seu amigo e só atrapalha, porque fica te olhando com pena e tem sempre uma história pra contar. Quando você quer esquecer que está com câncer, o cara vem, faz tsc, tsc, balançando a cabeça, te segura pela mão, te olha nos olhos e pimba, te faz lembrar. Um mala.

Eu tenho sorte. Tenho bons amigos e um grupo de amigas mulheres muito próximas, com filhas mulheres amigas da minha filha. Ou seja, reação em cadeia, uma espécie de clã feminino que se ajuda bastante e é muito solidário. Aliás, foi minha amiga Patrícia (todo mundo da minha idade tem uma amiga chamada Patrícia!) quem me deu um toque, depois de eu comentar, assim que contei para um ex-namorado: "Nossa, Patrícia, você viu o fulano, ficou com uma cara constrangida, mais triste que eu, que baixo-astral!" "Pô, Clélia, conta devagar, você acha que todo mundo é assim que nem você? O cara ficou triste, normal, você conta assim, na lata."

Eu estava tão "sem noção" que minha amiga Zilda, espirituosa e com tiradas dignas de uma antologia, me disse: "Amiga, você não tem obrigação de ser tão forte, engraçada, coisa e tal."

A Zilda foi uma dessas amigas de quem o câncer me aproximou e que até me surpreendeu para o bem: não largava do meu pé.

Pois é, é bom ter cuidado ao contar, quanto mais velha(o) e/ou hipocondríaca(o) for a(o) amiga(o), mais com o pé na cova você estará! E depois fica aquele clima estranho, é difícil retomar a conversa. Ela(e) se sente na obrigação de te dar força, e algumas vezes pinta aquele olhar do tipo: que pena, não chega no Natal.

Bom, precisava então contar pra minha filha, afinal, ela já estava odiando o meu ex achando que eu estava assim, meio triste, por causa dele. Era bom conversar logo, antes que ela começasse a odiar os homens naquele instante e nunca mais resolvesse a questão. Terapia por anos.

Fui pegá-la na escola, fomos jantar fora e, eu com um chopinho e ela com um suco de laranja, tivemos uma conversa maravilhosa. Mamãe está com câncer de mama, vai acontecer um monte de coisas na nossa vida, vai cair meu cabelo, às vezes vou ficar de muito mau humor, depois vou ter que operar e tirar a mama, algumas pessoas não sobrevivem a essa doença, mas a mamãe vai ficar boa. Sabe a Flora, da novela *A Favorita*? Já teve. É, a bicho ruim mesmo! Pois é, na vida real ela não é má, chama-se Patrícia Pillar e teve câncer igual ao da mamãe. E fulano e beltrano e sicrano? Pois é. Também. Fomos conversando e eu contando que ia usar peruca, uma de cada cor, e por aí foi. Demos risadas e tirei um peso das costas. Por uma semana podia pedir qualquer coisa que ela fazia. "Pega o controle remoto, dá uma água, arruma seu quarto, que tal estudar?" O tempo foi passando, ela se acostumando, e logo depois era: "Pô, mãe, só porque você está com câncer?! Eu, hein, dá um tempo!" E batia a porta, me deixando ali falando sozinha. A vida seguia, minha filha estava passando para a adolescência e eu não podia me esquecer disso.

Diversão é solução sim! E sexo, claro

Outra coisa de que não devemos esquecer é de viver a vida, e não apenas o câncer. A diversão pode e deve fazer parte do nosso dia a dia e, como todos sabem, cinema é a maior diversão! Vá bastante, primeiro porque eu faço e precisamos de público, segundo porque é simplesmente sensacional você viver outra vida ou se interessar por outra vida que não a sua por pelo menos duas horas! Ah, mas tem que ser comédia, pelamordedeus! Nada de drama, pessoas doentes, guerras, catástrofes. Não agora, não seja masoquista, você já tem problemas demais. Não é necessário ser comédia rasgada, tudo bem, um filme levinho, nada muito complexo, pois a gente fica meio burra e fácil de voltar para o próprio umbigo. Lembre-se, rir faz bem, aumenta os leucócitos, te deixa mais imune a outras doenças.

Alguns dias depois do diagnóstico, quando dei por mim, estava com uma lista enorme de filmes que eu queria rever, e é claro que ela ficou na estante fazendo companhia para os livros que comprei para esse momento especial que se iniciava. Eu não conseguia fazer isso porque parecia trabalho. Aí fui mudando o meu foco (todo mundo usa essa expressão, não é mesmo?) aos poucos e, quando vi, tinha optado pelas comédias. É muito simples, é só ir no Google e dizer exatamente o que você quer: melhores comédias do ano, ou algo assim (e ir pegando aos poucos na locadora — se não se lembram do que se trata, era um lugar com fitas de vídeo para alugar na era pré-pré-streamings), intercalando os dias com a telona do cinema, claro! É uma garantia de papos melhores e mais agradáveis, além de estímulos para umas boas risadas.

E lembre-se também de que "Você não passa de uma mulher" (o ponto de vista do Martinho da Vila é diferente do meu, falamos de situações diferentes, mas o lembrete vale): não queira ser uma supermulher, uma mulher e pronto já está bom.

Depois da biópsia, e antes do início do tratamento, uma amiga me convidou para substituí-la num congresso fora do Rio, mais precisamente num *resort* na Bahia. Fiquei animada, era exatamente o que eu precisava, uns dias falando de outro assunto. E o melhor de tudo é que era um encontro de profissionais de outra área. Seriam três dias num lugar muito legal, com gente que eu nunca tinha visto e que nem de longe lembrava meus conhecidos habituais, como agentes da cultura, cineastas, produtores, atores e por aí vai. Nada contra, só gostava da ideia de não estar com meus semelhantes por uns dias. Eu tinha acabado de fazer a biópsia e estava com o seio cheio de hematomas, maiores do que o meu biquíni, claro, e olha que os meus biquínis eram da Ana Amélia, estilista carioca que fazia biquínis e maiôs também para as medidas das mulheres normais brasileiras, ou seja, em que cabem bundas e peitos mais avantajados e que nos permitem nadar, jogar frescobol e nos dedicar a outras atividades que normalmente praticamos ao ar livre. Mas minha porção mulher estava um pouco, digamos, abalada. O último relacionamento tinha deixado sequelas na área da feminilidade, alguma insegurança e, com a nova realidade de mulher com câncer de mama, vamos combinar, é difícil "vestir uma camisa listrada e sair por aí".

Cheguei e fui direto para o congresso de homens de camisas listradas e pra dentro da calça com as mangas arregaçadas. As listras variavam, mas em sua grande maioria todos pareciam ter passado na Richards ou em alguma loja similar antes de ir para a Bahia. Um grupo divergia um pouco e, inevitavelmente, fui parar na mesa deles e, logo depois, já jantávamos.

Papo vai, papo vem, caipirinha de frutas regionais, éramos oito. Mais um tanto e viramos seis, e então dois subiram para o quarto. Que tal tomar um café no bar do hotel, e fumar um cigarro, alguém sugeriu. Ótima ideia, fim do café, éramos três. Nos juntamos a outra pessoa que também tomava café e o número passou para quatro. Quatro é divisível por dois, e nos encontramos cada um com o seu afim. Eu me divertindo com R. (vou chamá-lo assim), que era sócio de uns conhecidos numa empresa e que eu nunca tinha visto (coisa difícil na nossa atividade), ou seja, era do mesmo ramo e o papo fluía com facilidade. Mais um café, conhaque, e papo vai, papo vem, ficamos os dois. Duas horas se passaram depois do primeiro café, hora de subir, alerta vermelho, terra chamando, alô. Pegadinha ou destino, nossos quartos eram colados um no outro e ainda tinha aquela porta de comunicação entre eles! Rimos da situação e, dois minutos depois, estávamos vendo as estrelas, ele tomando um último conhaque e eu comendo chocolate recheado com licor. Pro beijo foi um pulo. E agora? Naquela situação, só me restava contar, aquilo ia longe. Olha, estou com um curativo, fiz uma biópsia, estou assim, assado, vou começar o tratamento, e pronto, disse de uma vez, estou com câncer de mama. Ele, ham, ham? E o que é que tem? Qual é o problema de estarmos aqui? Vamos continuar o papo no café da manhã, mas em vez de bater na porta do teu quarto eu te cutuco, que tal? Era a primeira vez que eu estava com outro homem depois do pé na bunda e principalmente depois do diagnóstico, tudo era uma novidade pra mim. E não poderia ser melhor, tive sorte. O R. me lembrou que eu continuava sendo a mesma, que tudo era passageiro, que eu continuava uma mulher sexy e interessante, que aquela situação era transitória e que eu não poderia me esconder atrás dela. Foi uma noite muito agradável, com direito a café da manhã no quarto com a porta entre eles aberta, pude lavar o rosto e passar meus hidratantes e, o que é melhor, escovar os dentes com a minha escova!

R. foi embora naquele dia, eu fiquei mais um dia e combinamos de nos falar no Rio. Na mesma semana chegou um livro na minha casa e um cartão muito carinhoso. O livro: *A doença como metáfora*, de Susan Sontag, uma excelente leitura que me ajudou a entender muitas coisas.

2. A vida durante a quimioterapia

Ao retornar da Bahia, voltei à clínica e ao dr. Eduardo já para a primeira consulta da primeira quimioterapia, ou aplicação.

Quando eu e minha mãe estávamos saindo de casa, meu pai chegou para nos acompanhar. Disse: "Vim de Mercedes com o meu motorista, uma beleza, viagem tranquila." Era a maneira de ele dizer "Oi, estou aqui, vim dar uma força e tal".

Quanto à Mercedes com motorista, explico: meus pais moram em Niterói e, com preguiça de dirigir, ele pegou o 999 (quase mil, como chamam), ônibus que faz o trajeto Charitas-Gávea dando a volta ao mundo, como se fizesse um *tour*, e que passa bem na frente da casa deles e da minha, ponto a ponto. Joia.

Meu pai é uma pessoa muito especial e não é por ser meu pai, não, o cara é gente boa. Já falei da minha mãe, mas não falei do meu pai, e vou descrever rapidamente os dois.

Minha mãe é muito engraçada, folgada como ela só, animada. Quando chega no pedaço, parece que vem toda a bateria da Estação Primeira de Mangueira atrás, além da ala das baianas e algumas passistas de quebra. O meu pai é o contrário, discreto e observador, tímido e preciso, mas o melhor contador de piadas que conheço, entre milhares de outras qualidades mais nobres. Além de tocar violão e piano, normalmente bossa nova. Aliás, meu pai é a minha bossa nova. É claro que puxei minha mãe, só que com um grupo de chorinho atrás.

Fomos os três, ritmados, rumo à clínica para aquele dia que todos temiam: a quimioterapia.

Consulta ok, tudo certo, procedimentos iniciais, remédios para tomar, caso aparecessem alguns sintomas como dor de cabeça, enjoos e febre: ligar imediatamente para o médico, telefones úteis, feito quando você deixa o filho pela primeira vez na creche. Igual. Só que eu não ia brincar.

Foi um dia tenso, sabia que o bicho ia pegar e pensava: tenho que ficar tranquila, estou dando os primeiros passos para a minha cura.

Dona Judith, brava guerreira e mãe de um ex-vizinho e eterno amigo, Robert, ia para a químio toda animada, com o pensamento de que o tumor ia virar uma uva-passa, secar. Achei uma boa ideia e fiz força nesse pensamento também. Dona Judith fez escola.

Meu pai me deu um beijo e foi embora do jeito que chegou, silencioso, mas presente.

Minha mãe entrou comigo e foi logo se ambientando, conversando com as enfermeiras e olhando tudo em volta, onde é o banheiro, se tem água, se está frio, quanto tempo vai durar, o que é isso que estão colocando, e, ufa, sabe como é mãe, né? Estava numa excitação danada, nervosa, claro.

Ia levar mais ou menos duas horas, e na primeira meia hora ela já estava entediada, você está bem minha filha? Era a senha: "Mãe, vai dar uma volta em Copacabana e compra um sorvete, por favor." E lá se foi ela para as ruas movimentadas e cheias de vida do bairro mais eclético do Rio, exatamente como uma música de Fausto Fawcett e do querido e talentoso Laufer.

A sala de quimioterapia era bem legal, com um divã superconfortável e uma cortina, caso quisesse privacidade, uma TV de plasma bem grande no centro sempre ligada na TV Globo, que, naquele horário, exibia o *Vale a Pena Ver de Novo*. Comecei a fazer as contas pra ver se daria para acompanhar a novela até o final do tratamento, senão, como fazer pra ver a novela durante a jornada de trabalho? "Com licença, pessoal, vou até em casa ver *Cabocla*." Impossível. E vou te falar, quando começo a ver uma novela fico rapidinho viciada e, tal qual meu tio Jesus que torcia pelo seu time perdedor mesmo em videoteipe, sou capaz das emoções originais mesmo no *Vale a Pena Ver de Novo*.

Um pequeno conselho: durante as aplicações, prepare-se para ler, é mais bacana e você pode variar de tema. Mas, assim como os filmes, literatura leve, coisas belas, algo que deixe você de bem com a vida, não dando a mínima pro mundo lá fora. Faça planos para o futuro, ou então ligue para aquela amiga que teve um filho ou que foi avó e com quem você nem falou ainda, ou para aquela outra que ficou tão abalada com a notícia que não teve coragem de te ligar. Sem ser Poliana, ou seja, sem exagerar, pense em coisas boas, afinal "nós viemos aqui pra beber ou pra conversar?". Evite pensar nos efeitos colaterais que a químio pode provocar e tente pensar que ela está matando aquela coisa insignificante que é o tumor. Ajude a combater o inimigo, mas não o despreze. E não esqueça de perguntar os efeitos imediatos. Quando fui ao banheiro, meu xixi era vermelho. Pensei: estou tendo um treco qualquer, vou morrer, e de tão nervosa que estava nem lembrei que, no final da consulta, o médico mencionou esse fato.

E veja que coisa curiosa: nós falamos quimioterapia e eles falam aplicação. Nós falamos, quantas sessões de químio? Eles dizem, quantas aplicações? Acho que é pra diminuir o peso do nome químio, assim como o do nome câncer, tão cheio de estigmas e carregado de temor. Eu gosto de repetir a palavra câncer muitas vezes ao dia, até ele encher o saco e ir embora.

Saímos da clínica e instalou-se um silêncio sepucral entre mim e minha mãe. Ninguém ousava falar, ela não perguntava e eu não dizia nada para não me sugestionar. Fomos para casa e, quando chegamos, minha mãe soltou todo o seu lado mãe, represado até aquele momento. Clélia, quer isso, quer aquilo, você está bem, tá enjoada, com fome, está frio, quer que mamãe durma aqui etc. etc. etc. "Para, mãe, calma, a doente aqui sou eu! Relaxa! Está me deixando nervosa!" Foi o que ela fez, e meia hora depois já estava aboletada na minha poltrona com a minha gata Marie, pedindo para colocar o computador no jogo de buraco, e me dá água, tem Coca zero, cadê o controle, o que vamos jantar? Aí eu repeti: "Para, mãe, a doente aqui sou eu!" E caímos na gargalhada.

Eu estava ansiosa antes da sessão, mas depois entrei em alfa, como se tivesse prendido a respiração pelas duas horas em que fiquei lá e só a tivesse soltado em casa. E o que era melhor, não estava sentindo nadica de nada! Nem enjoo, nem náusea, nem dor de cabeça, fome ou falta dela, tudo normal. Normal até demais. Achei que ia sair vomitando na recepcionista, depois no manobrista do estacionamento, depois no porteiro do meu prédio e na Rai, coitada, que ia abrir a porta de casa, e de quebra na Marie. Um horror. Mas, felizmente, nada disso aconteceu.

É claro, cada um reage de uma forma. Tem gente que sente tudo isso e tem gente que não sente. Eu sou da turma que não sente, ainda bem. Mas o importante é você não achar que a sua reação vai ser igual à das histórias que você ouve. Porque só contam os terríveis efeitos colaterais da químio, só se ouve coisa ruim, e ninguém conta que não sentiu nada. Você já ouviu no jornal "Terremoto mata 200 mil pessoas na China", mas nunca ouviu "Terremoto deixa de matar 1 milhão e 800 mil pessoas na China", não é mesmo?

Confesso, já senti ressacas piores do que a primeira químio, cruzes, só de pensar fico arrepiada.

Muita coisa conta para uma ou outra reação. O remédio prescrito, o seu organismo, o seu oncologista e a sua cabeça. É uma análise combinatória. E fica mais fácil agora, que os remédios são mais modernos e os oncologistas sabem que não é preciso só matar o tumor, mas te deixar em condições de ajudar a se curar.

Tem a alimentação também, claro. Eu adoro rabada com agrião, pato no tucupi, picanha malpassada, sou da turma da pesada, mas a Rai me acordava com sucos que eu nem ousava perguntar do que eram feitos. Sei de uns: couve com espinafre, laranja, linhaça, beterraba, gengibre e um pouco de mel. Tudo junto! É de lascar. No mais, uma alimentação saudável, nada muito pesado, o tradicional grelhado e muito verde, assim, como se você estivesse... doente!

É claro, sou uma sortuda, tudo bem, mas tem um monte de gente sortuda por aí que já ganhou no bingo um Monza ou uma galinha assada, acertou na loteria ou achou o grande amor, e por aí vai. Eu nunca fui dessas, gastei minha sorte na hora certa. Não senti nada durante o tratamento e muitas vezes pensei: caraca, será que isso está funcionando mesmo? Outras vezes me senti até culpada, louca, eu.

Em casa, depois dessa primeira aplicação, começaram os telefonemas e chegou minha amiga/marida/sócia RRRRôse. A preocupação dela, além da minha saúde, claro, era a peruca. Hilária. Ela não sossegou enquanto não escolhemos uma que ela providenciou, depois de perguntar para um monte de cabeleireiros qual era a melhor, o que achei maravilhoso.

E na hora de dormir, em vez de querer minha caminha pra deitar e curtir a fossa da minha primeira químio, queria mesmo a minha caminha pra pular, feito a Meryl Streep no filme divertido e alto-astral *Mama mia!*, de alegria.

Dormimos todas bem tranquilas, eu, mamãe, minha filha Elisa, a Rai e nossa gata Marie. Nós merecíamos.

Meu aniversário: câncer dá prestígio

Tenho um grupo de amigos mais chegados, alguns deles conheço há mais de vinte anos, logo que vim de Manaus para o Rio. Outros, mais recentes, ganharam espaço e, agora, mais chegados também, fazem parte do meu cotidiano de cinema, chopinho, passa aqui, estou perto e vou aí, mergulho na praia, café da manhã de fim de semana, passeios de bicicleta, enfim, pequenos prazeres cotidianos.

Decidi festejar meu aniversário, dia 9 de julho, também para deixar meus amigos mais tranquilos, afinal, quando você tem uma doença como câncer, na cabeça das pessoas já está com o pé na cova ou, no mínimo, muito deprimida. E a coisa aumenta em proporções gigantescas, como no velho ditado "Quem conta um conto aumenta um ponto". Já deixei de ser convidada para um jantar "porque estava hospitalizada e muito mal" e outras coisas desse tipo. Contava com a ajuda dos meus amigos para a contraofensiva, vamos lá, minha gente, preciso de axé e não de vodu! Eu estava bem, me tratando, com tudo em cima.

E foi ótimo, marcamos um rega-bofe light no clube que frequento, o maravilhoso Campestre. O Kiko, que pilota o Café do Alto, arrasou nas comidinhas típicas e na cerveja gelada, e, acreditem, foram TODOS os convidados, numa terça-feira, se não me engano.

A Márcia, mãe da minha amiga/marida RRRRôse, me deu uma roupinha nova e lindinha, bem alegre, assim como eu queria estar. E corri pro abraço. E quantos abraços! Foi excelente comemorar essa data, de nascimento e de celebração da vida, com muito afeto e companheirismo, muito axé!

Esse aniversário me deu uma carga de força incrível, liguei minhas turbinas rumo à cura: não podia deixar de conviver com aquelas pessoas tão legais, tão queridas e importantes pra mim.

Não ficar na toca foi e é fundamental, tentar levar uma vida normal é a melhor coisa que podemos fazer por nós mesmas nesse momento. Não forçar a barra pra nada, mas poder ser acolhida pelos que você ama é muito, muito bom.

E vou contar uma coisa, cá entre nós: câncer dá prestígio. Como falei, foram T-O-D-O-S os convidados, e alguns ainda de sobra, uma beleza.

Aproveite.

Cabelo, cabeleira, cabeluda, descabelada, a gente só pensa naquilo!

Eu tinha feito a primeira químio e meu cabelo começava a cair, aos tufos. O travesseiro parecia um Tony Ramos, além de eu passar o dia tirando cabelos da boca, uma situação pouco agradável. Quando cumprimentava alguém com dois beijinhos, o cabelo ficava no blush ou na boca do ser recebedor da minha demonstração de afeto. Um nojo. Resolvi, então, ir cortando aos poucos, deixando-o curtinho, bem próximo do modelito da peruca que iria usar. Recomendo.

Pouco depois da comemoração de aniversário, meus cabelos, mesmo curtos, ainda incomodavam. Eu tinha a sensação de que estavam se desmanchando e achei que era o momento de me livrar dessa sensação. E foi minha amiga/marida RRRRôse quem deu início aos trabalhos. Pegou a máquina do maridão Tuco, pai da Rosa e do Daniel, e deu um primeiro tchan. Beleza, valeu, até mais.

Como já disse, minhas amigas mais próximas têm filhas meninas, todas mais ou menos da idade da minha Elisa, de 9 a 12. Alice, Eurídice, Maria e Tereza são as mais velhas, mas tem ainda a Lara e a Antonia, de 7 anos, e de quebra a Rosa, de 4. Eita mulherada! E todas aaaaaaaamam cabelos, claro. Resolvi, então, fazer um cerimonial para continuar o trabalho iniciado pela RRRRôse. Chamei Paulinha, minha "irmã" e mãe da Alice, que mora perto de mim no Rio, e juntei as meninas. Achei que elas deviam ver a transformação da tia Clélia ao vivo e a cores, e ganharem a oportunidade de cortar um cabelo de verdade, não só das pobres das bonecas, que jamais teriam a mesma sorte que eu de, um dia, ter os cabelos de volta. Foi uma festa! Ana, mãe da Maria, providenciou o creme de barbear para ficar mais fácil de raspar a cabeça.

Aqui abro um parêntese. Meninas solteiras, é fundamental ter espuma de barbear, assim meio por acaso, em casa. Nunca pensei em quanto os rapazes se sentem seguros com a possibilidade de poder fazer a barba pela manhã. Ana é realmente esperta.

Bom, abrimos um vinho e iniciamos os trabalhos. Paulinha, com sua habilidade manual meio duvidosa, mas, em compensação, uma pessoa de minha inteira confiança, começou a raspar os cabelos que restavam. As crianças ficaram em volta, peruando, Elisa meio cabreira, mas Alice, que é hilária, achando tudo uma farra. A primeira fez tchan, a segunda fez tchun e tchan, tchan, tchan, tchan, estava como vim ao mundo, carequinha. Depois de meia hora, as meninas já estavam em outra onda e já tinham mudado de assunto, eu e minhas amigas ficamos de conversa na sala mais um tempinho e, na hora Cinderela, todas se foram para suas casas. Elisa foi dormir e entrei no banho. Foi um banho bem demorado, chorado, era a primeira vez que me via totalmente sem pelos. Demorei um pouco deixando a água cair na careca. Era uma sensação que me aliviava.

Como a quimioterapia transforma sua pele num cuscuz, acabei o banho e comecei uma demorada sessão de cremes, e, pela primeira vez, passei hidratante na careca. No final de tudo resolvi: o que eu economizaria com shampoos nesse período doaria para uma instituição de apoio às crianças com câncer. Depois desse dia, comecei a "comprar" shampoos bem caros.

Sempre evoco minha avó Maredina quando penso no tema vaidade. Ela morreu em 2006, e lembro dela sempre faceira, mesmo aos 90 anos. A vovó era uma gata, de longe uma das mulheres mais lindas que conheci. E era danada, podia estar na maior saia justa, num aperreio enorme, mas nunca perdia a pose, nunca. No auge da minha fase riponga misturada com o comunismo de butique (lá pelos anos 1980), quando praticamente mal lavava os cabelos e uma calça jeans era quase um insulto (o legal era andar com umas roupas que pareciam sacos de açúcar) era um ham, ham blasê interminável, acompanhado de um leve movimento de cabeça, quando ela insistia em repetir: "Minha filha, você é tão bonita (qual avó não acha?), se arrume um pouco mais. Temos que ser vaidosas, cultivando a beleza do corpo, uma vez que ele é o templo da alma." Achava aquilo duma frescura imensa.

Claro que essa fase passou, e apesar de não ter nem um terço da vaidade que minha avó gostaria, com o tempo fui valorizando algumas coisinhas relativas ao "universo feminino", e digo, pra quem tem câncer de mama, nossa, o que já era complicado (estar meio gordinha e não caber na roupa adequada, aquela espinha que não secou, o pé que está um horror e por aí vai...) duplica, porque, além disso tudo, você fica careca!

Pois então, você que achava que já tinha problemas, vai ter que lidar com novos.

Peruca: tente achar uma peruca legal, quero é ver. Quase impossível! Se não fosse a minha sócia e amiga RRRRôse tomar para si a tarefa de procurar e pedir ajuda a alguns cabeleireiros conhecidos do mundo do cinema e da TV eu estaria ferrada. Foi uma pesquisa incrível que ela fez, admirável. Para alívio meu, e dela, claro, ela achou uma bem lindinha, fiz até um personagem interessante quando saía por aí. Foram meses de dupla personalidade e tiração de onda, paqueras e pegadas mais afoitas (peruca mexe com a gente... nossa...).

Portanto, quando receber esse diagnóstico desagradável, calma, não compre a primeira peruca que vir na sua frente (tendência imediata!) e ligue correndo para uma amiga te ajudar a procurar. Ou melhor, dê essa tarefa para uma amiga, há de ter alguém querendo te dar uma força, ora bolas. E calma, muita calma nessa hora. Experimente, leve na sua cabeleireira, aprenda a lavar, secar, o que pode e não pode, veja onde vai guardar para não assustar as visitas ou deixar vulnerável às garras do seu gato (no meu caso)... aliás, peruca é quase um animal doméstico!

Só que peruca e verão (a estação) definitivamente não são amigos! E por mais que a peruca seja linda, como era no meu caso, pinta aquele "Sai deste corpo que não te pertence", e a vontade mesmo é de ficar careca. É calor, é suor, com o tempo ela vai perdendo o jeito, enfim, um horror. No entanto, ficar careca *full time* não dá, e quando você tem uma filha adolescente, menos ainda. Se elas já te escondem naturalmente, imagina uma mãe careca indo numa reunião da escola? Corre o risco de ela fingir que não te conhece, e da sua autoestima piorar muito. Aí tem os lenços, os melhores chapéus, o boné adequado para a tarde e a noite etc. etc.

Lembram do congresso em Salvador? Desencontros normais da vida que levamos, trocas de e-mails, dois meses depois, eu e R. nos encontramos, eu já na segunda sessão de químio e ele voltando das inúmeras viagens a trabalho. Foi muito divertido, mas já era outra coisa. Pude dizer a ele o quanto ele me tinha feito bem, o quanto ele me tinha ajudado naquele momento a me reconhecer a mesma Clélia de sempre dentro daquela nova situação. Ainda fico emocionada só de pensar naquele dia. R. é um grande homem, um cavalheiro, um príncipe, que me fez sentir uma rainha e me ajudou a encarar a situação "sem perder a ternura jamais". Ele tem um lugar reservado no meu coração para todo o sempre.

PARA TUDO: SILVINHA E GUERRINHA

No finzinho de outubro de 2008 houve uma semana estranha, muito estranha mesmo. Nela, o Guerrinha, um amigo do cinema, foi-se, muito rápido, apesar de nos ter dado todos os sinais. O Guerrinha só tinha Guerra no nome, de resto era só paz e amor. Todos lembrarão dele com aquela voz anasalada, o jeito maroto e, é claro, o cigarro no bolso da camisa.

No dia 30 foi a missa pelos dez anos da partida de outra amiga, Silvia Gardenberg.

A missa foi muito emocionante pra mim, e muito diferente de dez anos atrás, quando estive no velório na Casa de Cultura Laura Alvim e, no final, fomos tomar um porre num bar onde a Silvinha tinha descoberto um uísque a 4 reais a dose. A cara dela.

Silvinha morreu de câncer, que foi tratado como de pulmão mas que foi de mama no início, que era o *master* do câncer, o guia para todos os outros. Os amigos, nós, acompanhamos cada momento, é água na pleura, no pulmão, é isso, é aquilo, e Silvinha ia se distanciando da cura. Quando viu, não tinha mais jeito, e Silvinha morreu em Nova York procurando, até o último minuto, uma maneira de vencer. Era uma pessoa muito alegre, expansiva, e sempre estava aprontando alguma. É o que chamaríamos de "samba, suor e cerveja". Foi uma das fundadoras do Suvaco do Cristo, bloco de Carnaval de rua que explode na rua Jardim Botânico antecedendo o início oficial do Carnaval e levando alegria e engarrafamento para a Zona Sul da cidade. Foi também a criadora, junto com a irmã/marida Monique, do Free Jazz, do Carlton Dance e do Tim Festival, entre outros eventos que entraram para o calendário cultural da cidade. E levava os amigos em tudo, distribuía convites para os shows (nossa, quanta coisa boa eu vi graças à Silvinha) e, no final, saía pra farra com a gente, deixando as celebridades com outras celebridades.

Na missa de dez anos de sua morte, me dei conta do que a Silvinha deve ter sentido no momento em que soube que estava com câncer e que não havia muito mais a fazer, pois ela só descobriu quando a situação já estava bem difícil. Mesmo assim, continuava sendo muito positiva e não nos deixava ficar de baixo-astral perto dela. Quando lembro da Silvinha, só lembro de coisas boas, mas lembro também dos seus olhos de despedida, já numa esfera superior. Na época, não entendia bem, fui muito solidária, mas só hoje sei o que ela pode ter sentido. Com o meu câncer, fiquei mais próxima dessa sensação e pude compreender toda a sua disposição perante as adversidades. Resolvi, então, que a Silvinha seria a patrona do blog que deu origem a este livro, e agradeço a ela boa parte da minha vontade e alegria de viver nesse momento.

Silvinha e Guerrinha, divirtam-se por aí onde estão, e nos vemos algum dia, não agora, por favor, que eu tenho muita coisa pra resolver por aqui.

Pequenas férias

Em novembro, meu blog saiu na *Folha de S.Paulo* enquanto eu estava no Amazonas Film Festival, hospedada no Hotel Tropical, onde, na minha adolescência, dei muitos beijinhos nas matinês dançantes e cheias de más intenções. Meu pai havia me mandado a matéria por e-mail, mas eu ainda não a tinha visto no papel.

Fui criada em Manaus, e qualquer convite que recebo para ir até lá fico bem facinha e vou correndo, embora a passagem seja cara pra danar. Fui fazer algumas das coisas de que mais gosto na vida: ver filmes e comer pacu e, é claro, encontrar minha irmã, cunhado e sobrinhos, além da tia Paulinha, que me espera sempre com uma cerveja bem gelada e um pacu pronto. Um não, três.

Quando decidi ir, minha mãe me encheu de perguntas e conselhos: "Vai fazer o quê? E se pegar gripe? É calor e úmido e os mosquitos" e blá-blá-blá, e depois, "Vai mesmo minha filha, beijo pra todos e eu fico com a Elisa". Oba! Então, eu vou, eu vou, pra casa agora eu vou!

É muito bom voltar pra terrinha numa hora dessas. Comer peixe, nadar no rio, o sabor, o sotaque, tudo remete à infância, quando todos nós somos invencíveis. E tudo que eu queria naquele momento era me tornar invencível!

Foi uma decisão acertada. Não sei se por que em Manaus tudo é super, o mosquito é enorme, o rio Amazonas é enorme, o jacaré é enorme, o céu é enorme, mas me senti enorme, renovada.

Quando vivemos uma situação em que temos que nos superar, acho que devemos ir a qualquer lugar que nos remeta à infância: a cidade, o bairro, a rua, a música, qualquer lugar ou momento em que a gente encontre a invencibilidade que sentiu um dia, vire quase um super-herói.

Cheguei e comecei a listar (e fazer) tudo que eu queria: tomar tacacá, comer tambaqui na brasa com farinha, tomar guaraná Regente e me encher de cupuaçu até estourar. Dizem que graviola faz bem para quem tem câncer, e caí de boca, sem nenhum esforço, diferente das linhaças, couves, espinafres etc. que me obrigam a tomar no suco de manhã.

Mergulhei no rio Negro careca e foi maravilhoso! Dali em diante dei adeus à peruca, me achei linda careca e com batom bem vermelho. No Amazonas, pra mim, tudo pode, já que nada pode ser mais diferente do que a própria cidade e seus arredores.

Foi bom ter ido a esse festival com pessoas que fui conhecendo ao longo da minha vida no cinema, tive um orgulho danado de mostrar a "Manô de mil contrastes", bordão de uma antiga colunista social baré.

Tucuxi, tacacá, pacu, jambu, pirarucu, tambaqui, jaraqui, uarini, ananã, graviola, cupuaçu, tucupi, tucumã, pupunha, ingá, eu poderia ficar o dia inteiro falando os nomes que ouvi e que estavam dando uma dormida na minha memória, ou que eu pude saborear na minha estada em Manaus, minha terrinha do coração, durante o Amazonas Film Festival. Mas era hora de dizer "Vumbura já, maninha".

Zeca, Estela, Publio, Vania, Barbosa (meu colega de tratamento), Lucia, Cacau, Helena, Ceita, Mona, Raíssa, Larissa e mais uma penca de parentes, o meu hospício familiar particular, "foi muito bom estar com vocês", como diz aquela apresentadora de TV que, nos dias de hoje, mais parece uma paquita vencida. Imaginem todos os Bessa Cyrino, além dos Bessa Freire (meus tios-avós começavam a contar os filhos a partir do número quatro), católicos que são, rezando por mim: naquela hora o carcinoma já devia ter se borrado de medo e ido embora às carreiras.

Trouxe comigo tudo que vivi até o caroço, a força que aquela terra me dá, a energia acumulada para o que tive de viver depois, skindô, skindô, skindô. Fiquei tão relaxada em Manaus que cheguei a falar num final de dia: "Nossa, estou espirrando muito, acho que vou ficar doente." Ao que o Serginho respondeu, na lata: "Ué, como assim? Tá maluca?" E caímos na gargalhada... esqueci do babaca do câncer totalmente. [Frase daquele dia: "A cura está ao câncer de todos." Zeca Cyrino, meu primo.]

Só faltava achar um boto pra chamar de meu... Aí, confesso, poderia até me perder por aqui...

Pequenos desconfortos: aproveite, dê uma carteirada

Rever Manaus despertou em mim muitas sensações e sabores adormecidos que voltaram a pleno vapor. Ou motor! Mas é claro que, no pacote, vêm também as coisas ruins, afinal, nossas sensações têm vida própria e não são selecionadas como o avião que peguei para voltar em que, antes do embarque, a moça pede, com sua voz gentil: passageiros dos assentos 1 a 18, por favor, para a esquerda, e passageiros dos assentos 19 a 31, para a direita. As sensações vêm todas juntas, feito uma pororoca. Vou dar alguns exemplos não tão agradáveis que revivi e que podem se estender a outros lugares, lógico.

Calor: Minha Nossa Senhora Aparecida do Beco da Indústria, entendi por que meus pais optaram por sair de Manaus e aumentar a população da cidade com o maior número de aposentados do Brasil, a Miami tupiniquim, nossa simpática Niterói. O calor em Manaus é de rachar a moleira, minha careca ficou suada mesmo dentro da piscina, acredite. Por isso todo mundo vive no ar-condicionado, e a pele da gente vai engelhando e vamos nos tornando aos poucos um maracujá. A gente então que está fazendo quimioterapia, nossa mãe, em quatro dias vira um cuscuz daqueles amarelinhos que sugam até o rio Amazonas. Os meus hidratantes especiais ficaram pela metade em cinco dias. Foi difícil em alguns momentos, quase chorei quando minha mão ficou com uma aparência de roupa que nunca viu um ferro de passar. Então, eu recomendo: na hora de dar sua escapadinha para arejar a cabeça e esquecer um pouco do seu câncer, fique atenta para as condições climáticas, temperamentais, de transporte etc. que a cidade oferece.

Pense no sol: Para nós, os sem cílios, é uma claridade ao cubo, potencializada. Se vacilar, tem que colocar insulfilme 500 nos óculos escuros. Para quem faz cinema ou similar, é como se Deus tivesse colocado um rebatedor gigante sobre a cidade. Meu compadre Paulinho Violeta teria que se virar nos 30 para resolver.

Filtro solar: Durma com ele.

Barulho: Não sei por que cargas-d'água o manauara, de um modo geral, ouve todo tipo de som às alturas. Se é pra chamar o filho que fugiu para a casa da vizinha é "Joãaaooooo, vem pra casa, menino!" num berro que chega a ser ouvido no outro lado do rio, em Manacapuru. E mesmo aquela musiquinha ambiente (!), que deveria ser de fundo, é sempre alta. Quando a gente vê, já está gritando uns com os outros, e gesticulando muito para ser compreendido, parecemos mais descendentes de italianos do que dos indígenas, que andam sorrateiros e em comunhão com a floresta. Aliás, no hotel da selva, o Ariaú, tudo que fizemos foi não ouvir o barulho sinfônico da mata, e sim um show interminável do Boi Garantido e do Boi Caprichoso, num mantra repetitivo que quase nos levou à loucura. E olha que eu gosto deles e sou Garantido.

Como eu havia abolido a peruca, o meu lenço tapava parcialmente os meus ouvidos, e a coisa ficou mais fácil.

Acho que meu trauma com barulho começou quando era adolescente e ia para as festinhas na sexta-feira (era matinê que chamava) e, na manhã de sábado, minha mãe, uma fanática por limpeza, me acordava com a enceradeira ensandecida no meu quarto. Era assustador! Monstros gigantes roubavam meu sono, e eu acordava num mau humor danado. Ainda bem que é um eletrodoméstico em extinção. O mesmo não se pode dizer do aspirador de pó que, infelizmente, usamos aqui em casa, o inimigo número um da minha adorável Marie. Por esse monstro pilotado agora pela Rai ela nutre um ódio que me faz lembrar *Tom & Jerry* e que posso reconhecer facilmente.

Ácaros: Manaus é uma cidade que tem o clima úmido, portanto não combina com carpete de maneira nenhuma! E os hotéis, que tiveram decoradores vindos sei lá de onde, adoram um carpete, com o qual encobrem inclusive a nossa nobre madeira amazônica, que se esvai com piratas rio abaixo. Serginho, meu colega de Festival, contou que, quando abriu a porta do quarto, os ácaros lhe deram as boas-vindas dançando hula-hula. Eu nem cheguei a ir ao meu quarto. Perguntei se tinha carpete: resposta afirmativa. Então, colega de câncer, numa hora dessas use todas as prerrogativas que a doença te oferece e dê uma carteirada, sem dó nem piedade e muito menos culpa. Pedi na mesma hora para mudar de quarto. Estava cansada da viagem, naturalmente abatida, ainda tirei a maquiagem no banheiro mais próximo (batom e lápis para os olhos e o blush rosadinho), vesti uma camisetinha para o meu cateter chegar na comissão de frente e assim ninguém duvidar de que eu estava mesmo com alguma coisa errada. Não sei se ficaram com medo de que eu morresse ali mesmo, ou algo parecido, mas me mudaram rapidinho para um quarto "com vista para o mar".

Nessa viagem usei duas vezes essa prerrogativa, no hotel e no avião de ida, cujo piloto com certeza estava na andropausa. A temperatura era de 8 graus, todos batiam queixo sem parar, e como o avião estava bem vazio, nem o calor humano era possível. Todos reclamavam e nada! Não tive dúvidas: dei uma carteirada na hora. Com passos cambaleantes e embrulhada numa echarpe, fui em cima da comissária: "Querida, se eu ficar gripada, posso ter uma pneumonia, estou com a imunidade baixa, e blau, blau", bem dramática. Ah, e ainda ameacei processar a companhia. Na mesma hora ficou um Rio 40 graus.

Nós, que estamos com câncer, não temos que ter medo de fazer valer nossos direitos, não estamos tendo um chilique ou um ataque histérico. Estamos, sim, nos preservando! E qualquer animal faz isso, inclusive os da espécie humana, ora bolas.

Voltando às coisas boas. Manaus é o meu canto, e enquanto o Festival me convidar, eu tiver milhas ou a minha prima Lúcia achar aquelas passagens de 50 reais, é pra lá que eu vou sempre que puder. O meu exército de células boas agradece penhoradamente.

Trouxe pitomba na bolsa e comi no avião, para prolongar um pouquinho mais do sabor de Manaus no meu paladar.

Cateter: Mencionei meu cateter, mas algumas pessoas podem não saber o que é um cateter. Segue, então, a descrição direta da Wikipédia (com uma definição mais editada para o nosso caso) e bem básica.

Na medicina, o cateter é um tubo que pode ser inserido em um ducto ou vaso (cateter vascular), em uma cavidade corpórea natural, possibilitando a injeção de fluidos.

Na maioria dos usos, o cateter é um tubo fino, macio e flexível. Entretanto, o cateter poderá ter o diâmetro largo e ser de consistência dura.

O processo de inserção de um cateter é denominado de cateterização.

Agora, o mais importante: pra que serve? Vou ser direta: serve para não deixar seus braços horrorosos quando acabar a químio (pois ela queima) e deixá-los livres durante sua sessão de uma hora e meia. Assim, você pode segurar o livro e mudar as páginas ao mesmo tempo, usar o laptop, abraçar seu filho, cochilar sem ter medo da agulha te machucar ou fazer o que sua imaginação e a cortina, que dá certa privacidade, permitirem. Portanto, se puder, use cateter. Essa foi minha escolha e do meu mastologista (que também é cirurgião plástico e entende do assunto). Lembre-se que, depois do seu câncer, dependendo da vida que você levar, ainda vai durar muitos anos e é melhor ter seus braços em condições favoráveis e lindinhos, combinando com os seios que você vai portar depois da mastectomia.

A colocação do cateter é uma intervenção que não dói, não solta as tiras e não tem cheiro. Pense no assunto depois que passar o susto do diagnóstico.

Última quimioterapia

Minha última sessão de quimioterapia foi no dia 24 de novembro, antes da cirurgia, e, por coincidência, aniversário do meu oncologista, o Eduardo. Pena que não pudemos comemorar depois, eu minha última aplicação (até segunda ordem) e ele o aniversário. Nem pegaria bem sair pra tomar um chope com seu oncologista no final da químio, né? Mas o Eduardo é gente boa, e desejo sinceramente que ele fique sempre ao lado da ciência e ajude a curar muita gente e a acabar com o estigma horroroso do câncer. Na segunda consulta, para a segunda químio, já com um pouquinho mais de intimidade, perguntei: posso fazer isso, aquilo, aquilo outro? Ele, do alto da sua sabedoria, e ele é alto pra danar, pode, pode fazer tudo que quiser! Eu AMO esse médico, porque ouvi tudinho da maneira que eu queria ouvir, "Não falei, mãe, não disse? Pode repetir novamente, por favor? Posso gravar pra mostrar para as amigas e pra minha filha?" Que maravilha viver! Foi muito bom poder levar uma vida normal naquele momento, e também mostrar para os próximos que eu estava bem viva, e bota viva nisso! "Vale tudo, vale o que quiser, vale o que vier", como dizia Tim Maia. Nada contra, mas nada de excessos! Se beber, não dirija.

Confiar no médico é fundamental para qualquer paciente em tratamento. Escolher o oncologista é mais difícil que escolher o homem da sua vida, afinal, de amor a gente sabe que não morre (muito raro): o estrago é grande, mas você supera.

Mas câncer mal tratado, nossa mãe, é uma roubada. E depois de confiar, faça tudo que ele mandar, vire uma gueixa. Seremos eternamente gratas por esse momento de entrega.

"UUUUUUhhHHHHHHuuuuuu!", em coro com Elisa, eu ficaria com as segundas-feiras livres! E, quem sabe, daria para ir com minha amiga Paulinha àquele cinema mais baratinho...

Feliz aniversário, Eduardo Bandeira de Mello, meu oncologista gato e gente boa, e muitos anos de vida pra nós dois. Tim-tim!

3. Entre a quimioterapia e a mastectomia

Confesso que fiquei um pouco tristonha na época pós-quimioterapia. Em cinema, quando fazemos um longa-metragem, geralmente passamos em torno de oito semanas, no mínimo, convivendo com as mesmas pessoas todos os dias, dez horas por dia. Tomamos café juntos, almoçamos juntos e acabamos quase sempre a nossa jornada exaustos e felizes. Muitas vezes convivemos mais do que com a família, que fica em casa nos esperando, ou, quando trabalhamos fora da cidade em que vivemos, aguardando um telefonema. A gente se afeiçoa, faz amizades, acaba outras, enfim, acontece de tudo. Quando a filmagem termina, dá aquele vazio. Chamamos, no cinema, de fim de filme blues. Vivi então o fim da quimioterapia blues. Veio uma enorme sensação de falta do que fazer. Mas passou.

A mastectomia seria feita no mínimo um mês após o fim das sessões de quimioterapia e, entre uma e outra, o fim de ano, festas no escritório, no prédio, caixinha pros porteiros, entregadores de jornal, presentes pra secretária, mãe, filha, sobrinhos, todo mundo meio excitado, enfim, povo na rua! E Natal e Ano-Novo, que sempre dão aquela sensação de... fim de ano!

Eu estava quietinha, sem querer nada daquilo. Havia começado a série de cinco injeções Granulokine, para aumentar a imunidade. Eu as chamava de grandelouquinhas, para baixar a bola dos efeitos colaterais, que, pra mim, foram maiores que os da quimioterapia. Ficava descadeirada, sentia muito sono, um pouco de dor nas pernas, um saco! Ainda assim, eu ia pra oncoclínica numa boa, até gostava, porque assim via as meninas e os rapazes de lá: Juliana, Mariana e companhia, por quem me afeiçoei, e sei que fizeram parte do meu exército de luta contra o câncer.

Ainda não havia entrado no clima de fim de ano que começava a aparecer aqui e ali, luzes piscando em algumas árvores, aquela árvore enorme da Lagoa... mas, como sou facinha, sabia que em breve estaria aproveitando mais e mais o horário de verão aqui do Rio e saindo de bicicleta para dar um mergulho no Arpoador e colocar aquele biquíni enorme mas decotado, em consideração aos seios que se irão, e me despedir deles em grande estilo, já que me fizeram tão feliz por todos esses longos anos.

No dia 27 de novembro de 2008 fui ao *Sem Censura*, programa de TV exibido até hoje. Trabalho com televisão, cinema e afins há mais ou menos vinte anos, já vi e fiz muita coisa, mas realmente tenho um apego especial pelo *Sem Censura* e acho a Leda Nagle, com sua voz rouca, um charme e simpatia. Desde criança, ou adolescente, assisto ao programa e acho um barato a babel que ela cria entre os entrevistados. Tem de artista de circo a empresário, passando pela dona de casa e pela celebridade, e, na maioria das vezes, dá certo. A diversidade é a alma do programa! É muito hábil na capacidade de juntar todos que mal se conheciam quando entraram no estúdio. Saímos de lá quase amigos, até me apeguei. Além disso, tinha a presença de um médico da Sociedade Carioca de Mastologia, e fizemos uma dupla muito próxima de outras que já conhecemos: ele era a tese, e eu, a prova.

Fui lá para falar do blog, e foi bacana, me dei conta de que era isso que tinha que fazer no intervalo entre o fim da quimioterapia e a cirurgia. Escrever bastante e fazer uma seleção do que ocuparia o meu tempo dali pra frente. Percebi que o câncer dá muito mais livre-arbítrio!

Você pode dispensar os subterfúgios, eles realmente enfraquecem a vontade e acabamos nos rendendo a posições nem sempre confortáveis para a nossa vida e nem sempre próximas do que queremos. É exatamente o "engolir sapo". Esse exercício te dá a chance de falar o que quiser com a calma e a tranquilidade de um monge budista, sem estresse. Não precisa ter opinião sobre tudo, mas se colocar sobre tudo que incomoda é muito bom. Faça prevalecer seu bem-estar. E não se preocupe se está sendo egoísta ou não. É bom proferir sempre as palavras mágicas: primeiro eu, segundo eu e terceiro eu. Ah, e depois eu.

ADOTE UMA POSSÍVEL PORTADORA DE CÂNCER DE MAMA

No dia em que estive no *Sem Censura*, a mesa contava com a presença do presidente da Sociedade Carioca de Mastologia, que afirmou ali, pra todo o Brasil, quiçá para o mundo, que toda mulher acima de 40 anos tem direito ao exame de mamografia de graça! Isso mesmo que você leu! Todas, todinhas.

Somos em torno de 60 mil mulheres por ano (volte duas casas e leia de novo para não esquecer!). Confirmando, 60 mil. Agora, repita comigo, 60 mil. *Camon evribari*: 60 mil. Decorou? Pois então, é gente pra caramba, um Maracanã lotado, final de Campeonato Brasileiro. Por favor, contribuam com imagens que remetam a uma multidão de 60 mil, assim não esqueceremos desse número assustador e nos movimentaremos mais rápido.

Eu, e creio que boa parte da população brasileira, acompanhei com certa regularidade pela TV a monstra da Flora começando a se ferrar na novela *A Favorita*. Queria mais é que ela se explodisse! Mas vou contar um segredo, só aqui pra nós: me tornei uma pessoa tão ligada a outras mulheres que tiveram câncer de mama que ainda procurava alguma bondade naquela megera vivida pela Patrícia Pillar! Maluca eu, mas é verdade. Bem que o Fernando Sabino falou (foi ele mesmo?): mineiro só é solidário no câncer.

Outra coisa que acompanhei grudada na TV foi a tragédia que se abateu sobre Santa Catarina, com a intermitente chuva que caiu por lá no fim de outubro de 2008. Acompanhei, feito nas Olimpíadas, as soluções que estavam sendo dadas, o que podíamos fazer, para onde poderia mandar roupas, agasalhos, telefonei para os conhecidos que moram por lá, e por aí vai. Impossível não se emocionar com o que aconteceu com nossos irmãos sulistas. E a população brasileira mais uma vez ganha a medalha de ouro em solidariedade.

Então, pensei, vou juntar as pontas. Poxa, será que precisamos vivenciar uma tragédia como a de Santa Catarina para sermos solidários? E sabemos que já, já, a solidariedade começa a dar lugar às festas natalinas, ao presente de amigo oculto, ao que fazer com as crianças nas férias, enfim, vira uma solidariedade pontual para a maioria das pessoas. Será que não podemos ser solidários com uma mulher, pelo menos uma, nos 365 dias que temos no ano? Vamos, no máximo, gastar algumas horas desses 365 dias. Não me tornei madre Teresa de Calcutá com o câncer, mas, peraí, estou sendo prática. Já sabemos que muitas mulheres são esteio de família, e, nas classes menos favorecidas, essa situação é ainda mais comum. São elas que cuidam dos filhos, cumprem jornadas triplas de trabalho, e, sem elas, a família vai pro beleléu, se desestrutura, e fica mais difícil ainda dar a volta por cima. Nós vemos esse assunto ser abordado em muitos veículos de comunicação. Essas mulheres não têm tempo nem para se olhar no espelho, imagine ir num posto médico fazer uma mamografia. E tem a ignorância, o medo, e tudo o mais.

Pois bem, adote uma mulher e a leve pela mão ao exame. Pode ser a mulher do porteiro, do zelador, a mulher que te atende na vendinha, a sua vizinha, a lavadeira da sua família, a caixa do supermercado, a moça da limpeza do seu escritório, enfim, não precisa nem sair do seu bairro se não quiser ter trabalho. Mas mire numa e adote-a. Fale com ela sobre a importância do exame, e se ela não der importância, apele. Fale nos filhos, no futuro, nos netos que ela vai ver nascer etc. Mas siga um roteiro e ajude de verdade: veja qual é o posto mais próximo, seja realista e dê o dinheiro da passagem, cobre se ela já fez, morda e assopre, seja doce e firme. Com certeza já estaremos fazendo alguma coisa pra diminuir essa triste estatística. Você pode salvar não só a vida dela, mas a de uma família inteira.

Não espere sair na TV. Adote uma mulher.

Adote uma família

Como já disse, minha família é bem grande. Meus avós paternos contribuíram e muito para o aumento da população brasileira nos últimos anos. Tiveram nove filhos, cada filho teve a média de três filhos e cada filho de filho tem a média de dois filhos. Somando tudo isso aos namorados, maridos e ex-maridos, mulheres, ex-mulheres e agregados (toda família tem os seus, e as de origem nortista costumam ter vários), nos tornamos um número considerável para o censo do IBGE. Para se ter uma ideia, quando precisamos reunir todos não dá pra ser na casa de alguém, tem que ser ou na sede social do condomínio ou no salão de festas do prédio.

Bem, nos reunimos para organizar o pré-Natal, ou seja, para tentar organizar o Natal, que havíamos resolvido passar todos juntos e não em departamentos como tinha sido nos dois anos anteriores. A reunião foi na sede social do condomínio onde duas tias moram em Itaipu, Niterói, para caber todo mundo e deixar as crianças mais soltas e assim não nos enlouquecerem. Teria churrasco, cada um levaria um complemento e pronto, estava feito o programa de domingo.

Eu sou a única da família que mora no Rio capital, diga-se Ipanema, Copacabana, Arpoador, Mangueira, Estácio, Tijuca e arredores... Todo mundo mora em Niterói, diga-se praia de Itaipu e Itacoatiara, Museu Niemeyer, Lars Grael, Vale das Moças, Icaraí, e alguns vivem um tempo na ponte Rio-Niterói, principalmente os que moram por lá e trabalham no Rio.

É bom frisar que da minha casa até a sede social do condomínio onde seria a reunião de família são uns sessenta quilômetros. Eu estava sob o efeito das granulokines, descadeirada, com certo mal-estar e um cansaço generalizado, como se tivesse passado a noite inteira na farra. Pois bem, antes de sair de casa tomei a injeção, os meus remédios habituais e a homeopatia que o tio Orlando me passou, arrumei uma bolsa que variava de inverno a verão, para não ser pega de surpresa, e segui rumo a Niterói com a Elisa, ouvindo no carro uma rádio do gosto dela. Legal, novidades!

Gostaria de saber quem é o engenheiro de trânsito de Niterói. Um percurso de 45 minutos foi feito em 1 hora e 45 minutos. A reunião estava marcada para meio-dia e só cheguei às duas e meia, completamente estressada e mais descadeirada ainda, com metade da minha disposição física diária pós-granulokine gasta no percurso!

Chegando lá, beleza, "Clélia, saudades, como a Elisa cresceu", e coisa e tal. Delícia.

Começamos a reunião, que na verdade era uma assembleia, conduzida pelos dois mais velhos da família, papai e tio Basinho. Uma assembleia mesmo, com inscrição pra falar e tudo, secretária de mesa, Natália, e o tio Basinho presidindo. Vale a pena dizer que foi depois do churrasco e de umas cinco caixas de cerveja, ou seja, todos estavam mais ou menos fora de controle, e me deram um sininho para que, com ele, eu impedisse todo mundo de falar ao mesmo tempo. O sininho, a careca e a falta dos cílios me davam uma moral danada!

Meu pai, que foi eleito o presidente da comissão do Natal, até porque, além de ser o mais velho, é o único que tem moral, por fim pede a palavra: "Vem cá, quando é o Natal mesmo?"

Resolvido o local, o bufê etc., as pessoas foram se agrupando naturalmente, e um grupo foi jogar buraco, quase uma tradição familiar. Eu inclusive. Q-u-e l-o-u-c-u-ra! Na mesa, duas duplas, em torno, umas nove pessoas que faziam de tudo menos prestar atenção no jogo. Era "Você acha que a Lulu deve ir na festa, afinal ela só tem 11 anos?". Natália falando da entrevista que fez para o *Big Brother*, outra falando do show da banda dos meus primos, que ia ser à uma da manhã, e dois até discutindo a relação! Um bando de doidos! E ainda faltou um número considerável de parentes: Babá (que traz mais dois) devia estar em algum lugar do mundo falando sobre e defendendo nossos indígenas, Zezé, na América do Sul, estudando os povos originários e comemorando seu aniversário fazendo o que gosta, Cleísa e trupe em Manaus, onde também está tia Marelisa, graças a Deus. Mas como são democráticos, acatam a decisão da maioria. Fiquei muito cansada e estressada, e ainda tinha que voltar pra casa! (No dia seguinte, mal consegui sair da cama, de tão exausta. Quando consegui sair, fui até a livraria perto de casa tomar um café e voltei correndo, achei que ia deixar minha bunda no caminho de tão descadeirada que estava.) Descobri que minha família me deixa mais exausta que a quimioterapia. Mas, apesar da loucura, me faz muito, muito feliz mesmo. Foi um carinho só, abraços, chamego, força e, principalmente, em nenhum momento me senti doente. Aliás, tinha gente mais ferrada que eu: um com diabetes, outro com hipertensão, outro com torção nas costas e um até com hemorroida! O meu câncer era o que incomodava menos.

Já em casa, na minha cama, estava feliz e chorosa, sob os efeitos das duas garrafas de vinho que tomei com minha prima Lúcia, mulher do Bola. E forte para tomar mais oitocentas granulokines, afinal, com o astral dessa família as coisas podem até me abalar, mas fica difícil me derrubar!

Jogue fora no lixo o que não serve!

Na quimioterapia, acabamos nos aproximando de algumas pessoas que fazem junto com a gente, mesmo dia, mesmo horário etc. Por motivos óbvios: duas horas sem fazer nada, solidariedade normal e uma certa cumplicidade. Depois de quatro sessões, você já sabe sobre gostos, família, trabalho e amores.

Ah, os amores, que delícia.

Um dia me ligou uma amiga da quimioterapia que virou amiga da vida, toda feliz e por um motivo de amor. Tinha conhecido um cara muito legal e eles estavam saindo e muito apaixonados. Ambos têm mais de 40 anos, e sendo assim, já queimam algumas etapas na relação. A essa altura, já dá pra saber se vai ser bom ou não e se o cara não é um psicopata roubada. Ela já havia feito a mastectomia e estava se preparando para colocar a prótese, estava bem animada para os peitos novos que tinha escolhido. Olha que beleza!

Fiquei feliz por ela. Uma relação numa hora dessas é muito bom, por todos os lados, e os principais são os clássicos: é bom estar apaixonada, é muito bom dormir que "nem garfo na gaveta". Mas para uma mulher que fez ou vai fazer uma mastectomia, a coisa ganha mais importância ainda, também por motivos óbvios. Se já é bom ter um(a) companheiro(a) para segurar nossa mão durante os altos e baixos e a gangorra emocional natural na TPM, imagine com "drogas pesadas" e numa situação como a que estamos vivendo. Um carinho antes e um sexo depois ou vice-versa faz muito bem.

Nunca tive muita sorte no amor. Sabe o dedo podre? Pois é, eu tenho a mão toda! E, de quebra, os pés! Eu gostava muito, muito mesmo, de uma pessoa com quem tinha me relacionado tempos atrás, um mês antes do diagnóstico. Por conta das nossas afinidades, apesar do pouco tempo em que estivemos juntos, não tinha dúvidas de que teria fôlego para viver com ele por mais tempo ainda, e que com o passar dos anos acabaríamos lendo os livros que deixamos de ler e conheceríamos cidades nascendo ou se transformando. Achei que tinha achado o amor da minha vida, o problema é que eu não tinha combinado com os russos. Mifú.

Depois do diagnóstico ele foi a única pessoa do meu círculo mais próximo que nunca me deu um telefonema. "Oi, como você vai? Quer dar uma volta? Quer ir ao cinema? Vamos sair pra distrair, puxa, como você é linda" etc. Essa atitude me fazia ficar triste, eu estava juntando as pontas, e ele era uma ponta bem solta. Era importante ter trocado impressões com ele naquele momento, afinal, era com quem eu havia me relacionado afetivamente há pouco, e a minha relação com o meu feminino, como é natural e como já disse aqui, estava abalada. Pois bem, a cada dia que passava e ele "Tô nem aí" eu ficava mais triste e, numa atitude de preservação, fui isolando a pessoa cada vez mais num canto do meu pensamento. E o tempo foi passando, e nem mágoa, nem raiva, nem amor, nem decepção, nem... nada.

Uso esse exemplo de uma relação afetiva, mas pode ser com tudo, tudinho mesmo!

Com a ajuda da minha querida terapeuta Leila, pude me concentrar no que realmente interessava para o meu organismo: minha cura, eu e minha cura, e, de quebra, limpar a área. Cortei a gordura, o cigarro, a carne e aquele programa roubada, aquelas pré-estreias chatas, filmes ruins e lançamentos de livros que nunca iria ler, enfim, dei um tempo de tudo que me fazia mal: sensações desagradáveis foram mantidas a duzentos metros de mim!

É bom cortar o máximo e se sentir bem com o mínimo. Mas queria muito ter aprendido tudo isso sem precisar ter passado pelo câncer. Queria ter aprendido a me blindar contra o que me fizesse mal, dar um gás nas coisas que realmente me faziam bem sem precisar ter tido experiências que na verdade não me acrescentavam nada, só me atrapalhavam.

O câncer, por incrível que pareça (toc, toc, toc), me fez bem. Ah, sobre o cara? Encontrei-o mais de uma vez por acaso e num desses acasos, eu, muito gentil, perguntei, como vai? E ele me contou, sem respirar, suas mazelas, chateado porque alguém o contrariou e a vida estava um porre etc. etc. Usou meu ouvido de penico, sabe como? Tive a impressão de que eu poderia ser até um poste, bastava o poste falar. Ou melhor, bastava o poste ouvir!

Me despedi, estava com pressa, ia viajar, saí andando e de repente caiu a ficha: putz, ele nem perguntou como eu estava? Mas que coisa chata, que pessoa egoísta, vaidosa, egocêntrica, e, além de tudo... deixa pra lá. Nossa mãe, como posso ter perdido dias de sol maravilhosos e alegres com meus amigos, minha filha ou até comigo mesma porque estava curtindo uma fossa daquelas dignas de Dolores Duran? E continuei a andar. Mas no caminho não aguentei e falei: "Ei, estou muito bem, obrigada por perguntar!" E saí rindo, feliz comigo e pensando: nossa, que pena, ele está mais doente que eu. Só que eu sei o diagnóstico.

Nos encontramos novamente depois e até demos risadas. Foi bom, mas bom mesmo, assim bom, bom, tenho dúvidas. Naquele momento, e ainda agora, eu estava mais pros ótimos!

No final do ano, como diz um amigo meu, todo dia é sábado! Realmente. É festa de fim de ano no escritório, na casa de algum amigo próximo, é bazar, é apresentação da filha na escola de música, no coral e até na acrobacia aérea, como é o caso da maluca da Elisa e da Eurídice, para minha apreensão, e da Gláucia com as meninas penduradas em tecidos a quatro metros de altura. E os aniversários que caem em dezembro, como o da Noca, naturalmente viram maratonas que começam no café da manhã e acabam no final do *Fantástico*. Haja fôlego! Na nossa turma de amigos, chamamos até de Semana Comemorativa.

Há algumas pessoas que só revemos nessa época, no meu caso mais ainda, pela própria natureza da situação que se vive quando se trata de um câncer. A rotina normal é modificada. E é aí que entra a "diversão".

Geralmente, quando estamos fazendo quimioterapia e usamos cortisona, engordamos ou inchamos, certo? Pois então, acrescente ao quadro uma careca, tire a sobrancelha e os cílios. Montou? Pimba! Era o meu caso em dezembro de 2008. Uma pessoa mais gordinha e parecendo um personagem daquelas séries malfeitas, em que aumentam a orelha do cidadão, como em *Jornada nas estrelas*. Mas eu tirava a maior onda, até exercia bastante a criatividade com esses meus atributos novos, e alguns não tão novos assim, como o peso, por exemplo, que varia feito uma previsão de tempo. Os conhecidos que nos acompanham percebem as mudanças, mas a maioria, não. Eu usava uns lenços lindos que a Márcia tinha me dado, uns batons bem vermelhos e pintava as pálpebras de preto, puxando para um olho meio gatinho. Aproveitava para experimentar estilos que normalmente não teria coragem de adotar e me divertia quando ia me vestir para sair, meu guarda-roupa virou uma Disney! Pensava, estou com câncer sim, mas peraí, sem um pouco de vaidade, nunca!

Um dia fui num evento aqui no Rio, uma espécie de bazar organizado pela minha amiga Zilda, uma ideia bem legal. Estilo moderninho, com livros, CDs, roupas e bijuterias transadas, objetos estranhos e divertidos para o lar, e por aí vai. Ali, definitivamente, eu não era nem um pouco diferente.

Tinha um monte de conhecidos, alguns muito, outros menos, e um bocado de gente que nunca tinha visto. Essa também é a época do ano em que vem o resumo editado: as pessoas chegam perto e comentam sobre o que fizeram, o que deu certo, se casaram, se descasaram, escolhem a fofoca do ano, enfim, um encontro social acaba virando uma retrospectiva superficial. E eu, como estava meio sem fôlego, circulava menos. Normalmente, sentava numa cadeira confortável e ficava observando o movimento, e como estava quieta, sempre vinha alguém e sentava do meu lado.

E aí pintavam os amigos, o que era uma delícia, mas, na mesma proporção, os que não se tocam e não são tão amigos, e alguns que não te conhecem. Esses então, como reclamam, valhamedeus. É o trabalho que está um saco, é a filha que está impossível, é o marido que não comparece, é o cabelo que ficou malcortado, enfim, a futilidade comum de quem quer puxar papo e nunca te viu. No intervalo de comercial dessa novela incrível da sua vida, como num lampejo de educação, lá pelas tantas, a pessoa pergunta, e você, como está? Essa hora, pra mim, era como se fosse o final do capítulo. O melhor, a surpresa! E me divertia com um sadismo de Odete Roitman, em *Vale Tudo*, misturado com o da Flora, em *A Favorita*. Abria um sorriso grandioso, olhava bem nos olhos da pessoa e dizia: "Menina, que loucura, e eu que estou com câncer!"

Silêncio. Riso amarelo. Olhar perturbado. Mão fora do lugar. Outra coisa que eu fazia era sustentar o olhar firme nos olhos da outra pessoa, senão não tinha graça. Um minuto interminável e "Puxa, preciso dar um telefonema, desculpe, é só um minutinho", e saía na carreira, não sem antes dizer "Ah, mas você vai ficar bem, querida", incorporando um Nostradamus básico. Depois disso, ficava evitando cruzar o olhar com o meu, desconcertada. E aí é que eu olhava mesmo! E, garanto, se fosse pressão alta, diabetes, pedra no rim, síndrome do pânico ou similar, com certeza a pessoa já engataria uma outra mazela, e não pararia de falar nunca mais! E tem mais, vou ficar boa sim, meu oncologista já garantiu, eu dizia pra figura que já tinha dado no pé e nem sequer ouvira.

Eita palavra mágica, câncer. Já que ele veio me dar um susto, eu iria usá-lo até o fim! Exercitava me livrando dos chatos e principalmente dos que alugavam meu ouvido e ficavam rodopiando em torno de si mesmos sem parar!

Ainda estou com meus seios, e daí?

Dia 10 de dezembro foi a primeira consulta com o dr. Maurício, meu mastologista gato, pós-última sessão de quimioterapia. Fui com a minha marida RRRRôse. Fiquei com medinho de ir sozinha, mas me sentia muito à vontade quando estava lá. O Maurício é todo equipado: laptop na mesa, um pen drive que traz sempre informações atualizadas do mundo inteiro sobre o assunto mama, vídeos que explicam tim-tim por tim-tim a cirurgia, além de estar sempre elegantemente vestido.

Só tinha um problema: o ar-condicionado. Nossa Senhora de Copacabana, que frio! Eu ficava com a impressão de que, quando saísse da consulta, ia encontrar a dona Marlene (sua bem-humorada secretária) congelada com o telefone no ouvido, e fiquei aliviada por não ter tido pneumonia durante todo o meu tratamento, quando minha imunidade estava baixa.

Logo nessa primeira consulta, o dr. Maurício me deu boas notícias. O fato é que os meus tumores, Santa Maria, Pinta e Nina, haviam secado que nem uva-passa e se mandado, ficando somente umas calcificações, óbvio. Sendo assim, eu teria de tirar apenas UM seio e não os DOIS! A cirurgia foi agendada para o dia 15 de janeiro de 2009. Não me perguntem por quê, mas pra quem achava que ia tirar os dois seios, eu fiquei feliz pra burro! Estava no lucro. E estava clinicamente fora de perigo, que beleza, uhu, que beleza.

Não sei se foi a reza da turma de Manaus reforçada pela Taninha, que é devota de são Judas Tadeu, ou o crédito que papai dá à ciência, o pensamento positivo do Babá com medo de passar por tudo outra vez, e agora com a sua prima preferida, ou do meu tio Geraldo por mandar um f...-se, podem tirar até meu p...! É claro que sei que a quimioterapia prescrita pelo dr. Eduardo ajudou bastante, e fiz tudo que ele mandou.

Por essa época, andei me sentindo meio mais ou menos, meio barro, meio tijolo... assim, meio doente, sabe como? Peço licença para contar um pouco minhas mazelas, bem pequenas. Numa semana de dezembro, num dia bonito, resolvi ir para a terapia de bicicleta. Peguei o MP4 da minha filha, o tênis que estava com saudades de dar uma volta na Lagoa, protetor solar, chapéu de Chicago que minha amiga Tissi trouxe pra mim e saí — "Bom dia, Rafael, que calor, hein? Pois é, o Vasco. E que final de novela, hein? Será que a Flora vai matar o Gonçalo?", e tal e coisa, "Na volta pego o jornal, tá bom?". Saí serelepe, me achando a atleta do século. Pois bem, dez minutos e três músicas depois, estava de língua de fora e as pernas não me obedeciam de maneira nenhuma, tinham vida própria e nem de perto combinavam com o meu estado de espírito. Um trajeto que fazia normalmente em 15 minutos fiz em 45, e ainda bem que saí com tempo, senão teria pagado uma sessão de terapia só pra dizer "Tchau, Leila, até semana que vem".

Cheguei no consultório quase carregando a bicicleta, tamanha a dor que sentia nas pernas quando pedalava, num misto de dor muscular com dor nos ossos, estranhíssimo. Já de volta em casa, depois de pedalar ou empurrar a bicicleta por mais 45 minutos, pensei, acho que um banho relaxante me fará bem. Fez. Saí para o batente e, no final do dia, os pés estavam inchados e as pernas doendo mais ainda. Mal consegui subir a escada de cinco degraus da portaria do prédio, e ainda fui ultrapassada pelo casal de idosos simpáticos e animados que moram no andar de cima pra quem eu repetia sempre que encontrava: "Quando crescer quero ser que nem vocês!" Eles devem ter pensado: "Du-vi-de-o-dó, essa aí?"

Nunca fui de telefonar para o médico por qualquer coisa, sou produtora e não tem nada que me irrite mais do que um telefonema fora de hora e invasivo, sem motivos para tal. Eu e minha sócia e marida RRRRôse temos um acordo tácito, que nunca combinamos de fato mas é um forte motivo para estarmos juntas até hoje: depois das 22h e antes das 9h da manhã nunca ligamos uma pra outra à toa. Somos parceiras há 15 (14?) anos e conto nos dedos as vezes em que isso aconteceu. Talvez por motivos fortes como: "Oi, Clélia, amanhã vou pra maternidade, a Rosa parece que vai nascer, então não vou ao escritório, ok?", ou "Oi, RRRRôse, não vai dar pra ir com você na reunião amanhã, foi diagnosticado um câncer de mama em mim e acho que não vou estar concentrada o suficiente." Claro que estou exagerando, mas é por aí.

Ela é diretora de cinema e TV, roteirista, escritora e artista, ou seja, tem todos os ingredientes para "dar defeito", mas, acima de tudo, tem respeito pela minha condição de produtora, ao contrário de muitos que andam soltos por aí. E, assim como nós produtores, o médico come, tem família, namora e de vez em quando tira aquela roupa branca e se torna outra pessoa. É bom respeitá-lo e pensar duas vezes antes de ligar por qualquer unha encravada. Mas, confesso, não aguentei e liguei. Quando a gente tem um câncer, fica fácil pensar que vai ter mais um despontando em outro lugar. Tudo vira um perigo, e a gente fica com as antenas paranoicas ligadas! Qualquer coisa que a gente sente fora do contexto absurdo que já vive, pimba, acende o alerta vermelho e as sirenes internas saem pelos ouvidos.

Pois bem, liguei e "Aí, pode falar?". Pós-medicada e sem o desconforto que as dores estavam me dando antes, pensei: nossa, é o verão chegando, por isso os pés inchados e, é claro, as pernas um pouco mais enferrujadas que o normal *e só*. O dr.

Eduardo disse que não tinha nada a ver com a químio recém-terminada nem com o ciclo de cinco injeções grandelouquinhas que havia tomado. Sei que ele fica atento e eu também, ora pois, só o que me faltava era um reumatismo (ou similar) agora, "Fala sério", como diz a Elisa e sua turma.

Resolvi relaxar, fazer um alongamentozinho básico e tomar muitos litros de água a mais que o habitual. Eu sabia que pequenos hábitos poderiam me ajudar bastante. Como não era de ligar por besteira, numa segunda tentativa de falar com o dr. Eduardo ouvi a seguinte pérola: "Nossa, Clélia, você não morre tão cedo, já ia te retornar!" Ainda bem que ouvi isso do meu oncologista, ufa!

Mamãe, câncer é hereditário?

"Mamãe, você acha que vou ter câncer também?" Essa pergunta me pegou de surpresa enquanto comprávamos calcinhas numa loja de departamentos dessas que são iguais em todos os shoppings do mundo. A pergunta em voz alta e até com naturalidade (o câncer lá em casa era público) fez com que a mulher ao lado, que metia a mão no balaio de saldos a R$ 2,99, olhasse pra gente desconcertada e com uma certa pena, afinal, a mãe ali, careca... Ela saiu de fininho, sem levar nada.

Respondi, sem muita certeza, mas enfaticamente: "Claro que não! É óbvio que não! Com certeza não! Mil vezes não!

Eu já falei que não!" Podia até não ter tanta segurança no que dizia, mas ela deveria sentir segurança de que eu estava falando a verdade.

Minha filha estava com 12 anos, e é claro que a pergunta dela veio do senso comum de que o câncer de mama é hereditário, que é uma questão genética, que se você tem câncer na família, avó, mãe, tia, irmã, é bom estar atento etc. etc. Ela tinha ouvido o galo cantar mas não sabia onde, e restava a mim, como mãe, esclarecer. A essas alturas, já estava querendo esclarecer a mim mesma, pois de repente me deu um medinho de que essa possibilidade existisse de fato. Pensei com os meus botões: preciso realmente ter certeza do que falei.

Na consulta seguinte, dois dias depois, a primeira coisa que perguntei ao dr. Maurício, coladinho ali no bom-dia foi: "Você acha que a Elisa deve fazer exames regularmente? O que devo fazer para proteger minha filha?" Já disse que o Maurício é superligado, estudioso, foi do Inca, é um médico respeitado e com trinta anos na bagagem, já deve ter visto milhares de casos, portanto acredita nas estatísticas e, para meu alento, falou delas:

1. O câncer de mama na adolescência é raríssimo, quase inexistente.

2. Assinatura genética corresponde a 7%, ou seja, 93% dos casos de câncer de mama não têm histórico familiar.

Fiquei pensando que as perguntas das mães nos consultórios são as mesmas das filhas, e é óbvio que, além do medo que elas sentem com a possível iminência da nossa morte, existe o medo de que elas próprias "deem uma morrida".

Minha filha estava grilada, e era minha obrigação deixá-la livre da assombração que deveria estar ali rondando há um tempão. Saí do consultório do Maurício e, de surpresa, apareci para buscá-la na aula de inglês. "Sorvete?" "Beleza, topo." Contei então que tinha acabado de voltar do médico e que ela não deveria se preocupar com isso, e repeti de uma maneira que ela pudesse compreender tudinho que o Maurício havia me dito. "Puxa, mãe, que bom, bem que eu falei para a minha amiga Alice, e tal." Pois então, mas, em compensação... escovar os dentes, tomar banho todo dia, lavar as mãos antes das refeições e depois de ir ao banheiro... Tive a impressão de que, para os seus 12 anos, um câncer era menos mortal.

* * *

Frase do dia

"A única profundidade que os homens admiram
em uma mulher é a do seu decote."
Zsa Zsa Gábor, famosa atriz e socialite nascida no Leste
Europeu e radicada nos Estados Unidos. Fez mais de
trinta filmes e teve em torno de oito maridos

Nossa mãe, será verdade? Eu estaria ferrada por uns seis meses.

* * *

A despedida do seio em grande estilo

Mais ou menos um mês antes da mastectomia, marcada para 15 de janeiro de 2009, comecei a pensar no que fazer nesse período que antecedia a cirurgia. Além dos exames, é claro, o que fazer com a filha que estava de férias e sem a empregada, também de férias; o escritório que não para porque você vai tirar o seio; a alimentação vigorosa para uma recuperação espetacular; sem esquecer de como me despedir dos meus seios, que ainda eram uma dupla que se deu superbem nos últimos 35 anos.

Resolvi fazer uma lista pequena de três itens:

1. Topless — Nunca tive coragem, aquela seria a hora.

2. Foto do colo nu — Precisava fotografá-los no original, daqui a alguns anos quero me lembrar de como eles eram.

3. Olhar bastante no espelho — Todo dia, três vezes por dia, no mínimo.

ACREDITE, ALGUNS AMIGOS INFELIZMENTE TAMBÉM PODEM TER CÂNCER

Susto. Este foi o clima predominante da semana terminada em 20 de dezembro. Recebi um telefonema de uma pessoa muito querida, minha companheira de trabalho por aproximadamente 12 anos e mais sete de quebra, como amiga e eventualmente colega de trabalho. O telefonema era quase tímido: "E aí, como você está? E o tratamento? É mesmo? E a Elisa?" E eu contando tudo, animadíssima, diante do computador ligado, mandando os e-mails enquanto respondia as perguntas que ela fazia, com pequenas variações das perguntas que muitos amigos fazem e que eu já respondia no automático, não sem carinho, claro, e morta de alegre que tivessem lembrado de mim. Faziam parte do grupo de resposta-padrão, como naqueles sites que trazem as "perguntas mais frequentes".

Aí, de repente, parecia que tinham me dado um "telefone" ou "sabacu", como dizem na minha terra, bem no meio das orelhas. "Sabe o que é", continuou ela com a voz mansinha que Deus lhe deu, num cerca-lourenço, ou seja, sempre arrudiando o foco da questão mais importante. "Sabe o que é, Clélia, relutei em te ligar por isso, mas eu também estou com câncer de mama." Falou assim, na lata, o que me fez ficar tão destrambelhada que mandei o e-mail que respondia sem sequer checar se estava com alguma cópia oculta perigosa, tipo, uma amiga falando mal da outra e você no meio.

Puta merda, com licença das palavras, será que a Entidade Superior podia dar um tempo nesse assunto? Haja peito pra encarar uma história dessas. Me aprumei na cadeira, entrei na pista rapidinho e fiz aquela pergunta também padrão para quem dá uma notícia dessa natureza: "Tem certeza?" E, em seguida, engatada uma na outra, a mesma frase-padrão de uma hora assim... "Vai dar tudo...", e parei ali, no meio da frase! Quem sou para ficar adivinhando o futuro das pessoas e dizer se tudo vai dar certo? Não que eu não deseje isso, pelo contrário, mas juropordeus, pra mim foi muito chato ouvir isso quando recebi o meu diagnóstico e tive que compartilhá-lo com outras pessoas que mal conhecia e pelos motivos mais variados. Na maioria das vezes soava que nem "Puxa, como eu gosto de banana", "Que calor que está fazendo hoje, hein" ou algo assim. Essa segunda frase definitivamente não pode ser no automático.

Passado o momento de susto e perplexidade, veio a reação: "Vamos lá, tem que ser rápida, que exames você já fez? Quem é o oncologista? Qual é o procedimento, qual a clínica?" etc. e tal.

E aí um dia engatou no outro e no outro, veio tudo na minha cabeça novamente, a minha dor nas pernas e meu inchaço voltaram, o astral baixou e fiquei com o coração apertado, triste por ela, cabisbaixa, como se tivesse perdido momentaneamente uma capitã condecorada do meu exército de cura, afinal, a Wanda é uma guerreira que esteve (está) sempre ao meu lado, mesmo que longe. Quando ela me ligava, eu perguntava na brincadeira "E aí, Wanda, a tua mãe, a querida dona Amélia, tá rezando por mim?". Não sei o motivo, mas acho que a mãe dela tem o telefone vermelho do Ser Superior.

Há um mês, exatamente, eu acabara a minha químio e ela começava a dela, e mesmo sabendo que está acostumada a vencer dificuldades, sei como ela se sentia naquela primeira semana, o frio constante na barriga, o excesso de informação e das novidades que a gente vive, e então voltou tudo naquele momento. Ninguém está preparado para um diagnóstico de câncer, e mesmo que eu tenha arrumado uma maneira de lidar com o meu (afinal de contas acabei encarando com bom humor na medida do possível), existe também uma lista de sentimentos que se encaixam no padrão e no basicão desses primeiros dias. Numa espécie de variações sobre o mesmo tema.

Depois de passado o susto, confesso que fiquei orgulhosa da minha desenvoltura, podendo responder e me adiantar a várias perguntas que pulavam na cabeça dela. Falar do câncer segurando sua mão e a deixando mais tranquila, descendo junto na enxurrada de novidades, medos e informações com que ela foi obrigada a conviver sem querer. Mesmo um pouco capenga, faço parte do exército de cura dela. Os nossos exércitos são aliados.

Tenho certeza de que ela ficou um pouco mais aliviada, e eu também, por diminuir um pouco a loucura daquele momento.

Que venha 2009

Os encontros natalinos me fizeram muito bem e me deram força para começar 2009 com o pé direito. Fiquei mais disposta e com vontade de sair para ver os amigos, ir nas festinhas de fim de ano, happy hours com o povo do cinema e me senti feliz da vida, ho, ho, ho. Ainda faltava a festa da família, que seria o *gran finale*!

Quando chega o final do ano sempre fazemos uma lista do que deu certo ou errado e também fazemos os planos para o ano seguinte. Na maioria das vezes, o nosso balanço do ano que passou é positivo, e se chegamos aqui escrevendo ou lendo esse texto significa que estamos vivos, nem sempre vivinhos da silva, mas positivos e operantes.

No meu caso, o ano de 2008 foi muito positivo, por incrível que pareça. Foi bom porque o câncer me deu a possibilidade de ver o mundo de outra forma, e me despedi daquele ano com uma vontade enorme de viver, como há tempos não sentia.

Fiquei pensando no assunto e afirmo que a última em vez que senti algo parecido foi quando a Elisa nasceu. Lembro que, quando ela saiu do berçário para mamar pela primeira vez, olhei para aquela pessoinha ali pequena e vulnerável e para aquele rostinho doce e lindinho e pensei: não posso morrer de maneira nenhuma nos próximos 15 anos! Pelo menos até que ela já possa se defender e já tenha aprendido um pouco mais do mundo e, claro, que eu já tenha deixado uma previdência privada que garanta a sua formação até, pelo menos, o fim do ensino médio.

Amamentá-la foi o gesto que despertou em mim uma vontade de viver nunca sentida e uma convicção inabalável.

No final do ano de 2008, o peito cheio de leite que me fez ficar enorme e potente era o mesmo peito que me fazia novamente ficar enorme e potente, dessa vez pela falta dele. Ele deixaria, na sua ausência, a mesma vontade de viver daquele dia, 12 anos atrás. Ele iria embora, mas com excelentes serviços prestados, porque tenho certeza de que a melhor coisa que fiz com meus seios nos anos todos que estiveram comigo foi alimentar minha filha, como bem lembrou minha amiga Lulu.

Felizes anos-novos para todos nós, que, por motivos diversos, temos uma enorme vontade de viver.

TIM-TIM! UM BRINDE

Gostaria de fazer um brinde a todos que me acompanharam com garbo e elegância no ano de 2008: meus lenços e meus chapéus, tim-tim.

Todo ano começa, tecnicamente, no primeiro dia útil de janeiro, certo? Junto com o ano, chegam as contas, que começam a pipocar por volta do dia 5. O começo do ano de 2009, pra mim, foi um pouco atípico: normalmente, nessa época, estaria tirando férias, planejando uma viagem, marcando de encontrar alguns amigos que vi pouco no ano anterior, cortando o cabelo, começando um regime, tomando uns chopinhos na praia no final do dia, indo a todos os filmes que pudesse, começando um livro novo bem grande, coisas assim, bem verão e férias. Muito diferente disso, estava indo a todos os laboratórios de análises clínicas que conhecia me preparando para a operação, e aqui vale um comentário: você já contou quantos laboratórios e quantas farmácias existem perto da sua casa? Fora as pet shops, que aumentam alucinadamente, acho que os dois estão bem próximos dessa marca. E o Brasil anda mais doente do que parece!

Tirando o regime (eu havia abolido as frituras, as carnes, estava dormindo bem cedo, tomando muito suco de frutas, muita água e comendo apenas aquelas coisas que você acha que só comeria quando tivesse 80 anos), o ano de 2009, nossa mãe, começou mesmo muito diferente. Até achei engraçado um dia quando uma amiga me perguntou, esquecida da situação: "E aí, Clélia, o que você vai fazer nas férias?" Eu, assim, como quem não quer nada, respondi: "Vou tirar um seio, mas estarei bem até o Carnaval, pronta pra sair no Suvaco" (o nosso bloco aqui do Jardim Botânico). Morremos (epa, não se pode falar isso prestes a operar!), vivemos de tanto rir, tal o absurdo da situação. Aí, um assunto puxou o outro e eu já parti pro humor ácido, característica da minha relação com essa amiga, que tem o dom de me inspirar. Que fantasia iria fazer este ano? Claro, porque não dava pra estar careca, sem sobrancelha e não se aproveitar da situação, certo? Então, o pirata não tem tapa-olho? Pois bem, resolvi que teria um tapa-seio e, com o meu lenço, seria a pirata mais linda e original do bloco. Olha o Suvaco aí, gente!

Naquele iniciozinho diferente de ano, meu pai foi diagnosticado com câncer. Como disse antes, minha mãe é minha escola de samba, e meu pai, minha bossa nova. Como diz a minha amiga RRRRôse, "Os opostos se atraem, mas não necessariamente se misturam". Nesse caso, os opostos se atraíram e se misturaram até a última gota. Não que a minha mãe não seja, longe de mim, mas meu pai é tranquilo e discreto, firme e afetivo, ético e paciente, e de um humor fino e inteligente. É uma referência muito forte na minha vida e na de outras pessoas que convivem com ele. É um prazer tê-lo por perto.

Foi quase impossível rir de qualquer coisa, daquela vez não teve a menor graça. Pra mim ele sempre foi e é invencível, meu super-herói, e os super-heróis nunca são acometidos pelas mazelas da vida.

Ficamos todos muito atarantados, mas, por experiência própria, aprendi que o câncer "não espera acontecer", a providência só é divina se for rápida e eficiente. Pois, nessa situação, minha experiência foi positiva! E resolvemos correr contra o tempo. Como super-homens, tentamos girar a Terra ao contrário, mudar o rumo da história. Alguns dias depois eu me operaria e foi muito bom saber que meu pai já estava em boas mãos e mais seguro na situação, como eu me senti na época do meu diagnóstico.

Convoquei imediatamente nosso exército de cura, e mesmo que tenham gastado parte da munição comigo, vamos lá, avante! Rezas de tia Tânia, Isabel, famílias Cyrino e Freire, Lúcia, do tio Basinho; Dodora com sua eficiência; Babá e Djewry levantando o astral ali na retaguarda (com todo o respeito).

Mesmo naquele momento difícil para todos nós, meu pai, já atarantado com a minha atitude de rolo compressor, não perdeu o humor e mandou um recado pela minha mãe: "Rose, fala pra baixinha cuidar do câncer dela que eu cuido do meu!"

A escolha da clínica

No dia em que fui levar uns exames do meu pai na oncoclínica, aproveitei a viagem e fiz a revisão de quilometragem do meu cateter. É necessário mantê-lo sempre em ordem, você não precisa de mais nada com que se preocupar, portanto, mantenha seu cateter limpo.

Não que eu queira usá-lo novamente, Deus me livre, mas caso isso aconteça ele precisa estar nos trinques. Cheguei lá e foi aquela festa com as meninas da quimioterapia, e aí, como vai, e as crianças, e tal. A gentileza de todos da oncoclínica é nota 10, e digo e repito: é fundamental.

Quando você chega com câncer para o início de um tratamento você já está um lixo.

Já passou por máquinas, foi furada por agulhas enormes, te enfiaram em tubos claustrofóbicos, te chaparam algumas vezes, já vestiu aquele avental horroroso, aberto na frente, aberto atrás, andou com aquele chinelinho contraceptivo pra cima e pra baixo, enfim, seu corpinho (quase) não te pertence! Você chega na oncoclínica e eles te chamam pelo nome, e isso é quase uma redenção, um paraíso!

Nunca pensei que me sentiria tão bem com alguém falando: "Clélia, já está subindo seu prontuário; Clélia, onde você fez seu exame de sangue para pegarmos?"; Clélia, como o dr. Eduardo falou que seu exame não está tão bom, vamos marcar pra próxima segunda; Clélia, em qual braço posso aplicar?"... Incrível, mas soa como música nos ouvidos, parecido com: "A senhora vai pagar com cheque ou cartão?"

Portanto, quando você escolher com o seu médico o lugar do tratamento, leve em consideração esse dado, que pode parecer uma bobagem, mas que fará você se sentir muito melhor e até esquecer o motivo de estar ali. E isso é excelente para vencer o câncer.

E, claro, o lugar que você recomendaria sem medo até para o seu pai!

Promessa é dívida!

Minha pequena lista de resoluções pré-mastectomia foi cumprida:

Topless: ok
Foi no início de Ipanema, pedaço de praia colado no Arpoador, sozinha e em frente ao Hotel Fasano. Era um dia de semana de pouco sol, final da tarde. Ou seja, praia praticamente vazia! Mas valeu.

Em frente ao Fasano: por motivos óbvios. Como é cheio de gringos e hóspedes ilustres, e/ou ambos, a segurança é discreta, porém, eficiente. Pude então tranquilamente deixar minha saidinha de praia, celular e bolsinha básica na areia mesmo. A portabilidade (palavra da vez) das minhas coisas era praticamente impossível!

Colado no Arpoador: Porque alguns amigos vão lá, e se fizesse topless e não contasse pra ninguém, qual era a graça? Por sorte, encontrei dois gatos-pingados, mas fiquei com vergonha de contar, eram apenas conhecidos.

Sozinha: Ah, porque eu queria tomar uma taça de vinho rosê, com as pernas esticadas na cadeira do azulzinho olhando para a imensidão das praias de Ipanema e Leblon, com o morro Dois Irmãos ao fundo e assim me despedir dos meus dois irmãos aqui do peito.

Foto do colo nu: ok
Quando falei desse desejo, minha querida Andrea Cals, amiga de longa data e fotógrafa, logo se prontificou: Eu quero fotografar! E numa tarde deliciosa de domingo, com vinho rosê mais uma vez e frutas, queijos e Matte Leão, fizemos uma tarde de peitos de fora, com a participação especial de mais duas amigas do peito: Fabi e Lulu.

Olhar bastante e demoradamente no espelho: ok
Todos os dias fiz isso, e além de me dar conta de que meus seios ficarão bem melhores depois da "geral", descobri outras partes escondidas que não valorizava tanto. Sugiro a todas que façam isso também. Cada dia a gente descobre uma novidade.

4. A vida pós-mastectomia ou O retorno à vida normal

Fui operada às 14 horas da quinta-feira 15 de janeiro de 2009, e no sábado de manhã (dia 17) me colocaram pra correr, ainda bem, e eu já estava em casa. Deu tudo certo. Só doía quando eu ria.

ESTAMOS COM CÂNCER, E DAÍ?

Tem gente que pode até achar estranha a maneira, digamos, pouco convencional como lidei com o meu câncer. Isso porque vocês não conheceram o meu pai! Acreditem, sou fichinha perto dele.

No dia em que fui para a cirurgia, acompanhada da minha tia Doidora (como ela se intitulou), papai foi para a sua primeira consulta com o oncologista, acompanhado de minha irmã, mamãe e também da minha tia Dodora, que era o curinga da situação insólita que vivemos.

Meus pais, como já disse, moram em Niterói, e o hospital onde fiz minha cirurgia é no Rio, assim como o médico do papai. Foi quase uma operação de guerra para conciliar as agendas, um esforço de reportagem! Junte a isso meu cunhado com os três filhos de férias, além da minha Elisa, pendurada nos programas deles. Aliás, foi fácil convencê-la a procurar outro programa que não me incluísse, bastou dizer: Elisa, mamãe vai fazer uma mastectomia (tirar um peito), o vovô e a vovó estão ocupados, se vira! O que ela fez, ainda bem, com a contribuição valiosa do meu cunhado Marcelo, o Magaldi, gente boa demais.

No dia seguinte à cirurgia, enquanto eu me recuperava, meu pai saía da sua consulta com um quadro mais definido e com a indicação de 24 sessões de quimioterapia (que começariam dali a dez dias), além de radioterapia. No meio da consulta, dada a gravidade da situação, comentou com o médico: "É, eu estou ferrado, mas tenho uma vantagem sobre a Clélia: não vou ter que tirar os peitos!"

---

* * *

Pedi ao meu pai que escrevesse no blog, e reproduzo aqui o recado que ele deixou:

Eu escrever no teu blog? Nada a ver. Teus leitores são de outra geração e de outras ideias. Não posso chegar que nem a Nora Ney, cantando mais ou menos assim, "Tirem os seus peitos do caminho, que eu quero passar com o meu pulmão", e achar que estou abafando. Eventualmente posso passar por aqui, sim, mas só quando der na telha.
Ass. Papai

* * *

Mastectomizada, e agora?

Ninguém está preparada para ser mastectomizada. Não é que nem estudar para o vestibular, tentar o mestrado, se preparar para a São Silvestre, para uma retirada das amígdalas, fazer um filme de baixo orçamento ou mesmo arrumar a bolsa para um final de semana animado. Tentarei aqui dar aqui algumas informações que considero úteis para mulheres mastectomizadas e para as pessoas que convivem com elas.

Ninguém está preparado para ter câncer, é um susto e pimba, o jeito é encaixar o golpe e ir em frente. Foi o que fiz, numa boa, até porque o meu câncer era curável e tinha data para acabar. Vencer etapas, todo dia, uma a uma: queda do cabelo e da sobrancelha, um pouco de cansaço pós-químio, pés inchados, uma alimentação rigorosa, e fui indo bem, e aprendi muita coisa. Como já falei, hoje sou uma pessoa bem melhor.

Mas a mastectomia, vou te contar, é dureza. Parece que eu morri! Por favor, vamos ensinar como tratar uma mulher mastectomizada? Com algumas exceções, as pessoas te olham como se você tivesse feito uma cirurgia de retirada de um pulmão com uma plástica de orelha de abano, com uma certa peninha; um bocado deprimente.

Peraí, gente, tudo bem, é difícil, mas, vamos lá, né, eu estava bem, e em breve teria peitos novos. A cirurgia foi um sucesso e eu continuava me achando bastante interessante, até meio diferente, exótica. E o que era melhor, bem viva, vivinha da silva. Uma etapa estava vencida, o câncer tinha ido embora. E só doía quando eu ria.

Operei no dia 15 de janeiro de 2009 e dois dias depois já estava em casa, recebendo o carinho dos amigos e enfrentando a curiosidade quase mórbida natural dos porteiros e de alguns vizinhos — "Nossa, uma mulher que tirou o seio, deve estar sofrendo horrores!"... "Ué, mas você já está de pé?"... "Já vai trabalhar?"

É incrível o que o seio representa no conjunto da obra de uma mulher. No caso de um seio mastectomizado, provoca curiosidade, uma pena velada, solidariedade, cuidado, ternura e por aí vai. Todos os sentimentos simultaneamente. E sempre esperam de você uma mesma reação: tristeza infinita. Afirmo que a tristeza dura pouco, pelo menos pra mim. E quando você não sente tudo o que esperam de você? Fazer o quê?

Fiz de tudo pra estar preparada o bastante para o dia da mastectomia. Terapia, sal grosso, leituras (principalmente as que exaltam o espírito, já que o corpo estaria baleado), conversei com amigas, li sobre experiências parecidas e me senti pronta pro dia D!

Ham ham, sei. Vou te contar: é f...! Qualquer cirurgia é de doer. Não esteticamente, mas fisicamente mesmo! Tive que tirar alguns gânglios e, portanto, mexi com a axila... E daí? Tenta pegar na orelha oposta ao seio retirado? Ou repor o azeite na prateleira mais alta do armário? Nooooossa. Parecia que eu tinha feito uma farra fenomenal na noite anterior, ou sexo selvagem sadomasô pendurada numa espécie de pau de arara! Imaginou? Pois então, é isso.

Dói porque o músculo foi mexido, e não tem preparação psicológica que dê jeito nisso. É exercício, tempo e analgésico. E se alguém vier te dar aquele abraço, previna-se, ou então será aquele desajeitado riso amarelo.

Se fiquei triste com o pós-operatório: sim. Se a tristeza durou muito: não. Não muito, só um tiquinho. Não que eu não tenha ficado mexida, afinal, a dupla sempre me fez muito feliz por todos esses anos, e era incrível a harmonia divina dos dois seios juntos. O que ficou sozinho, coitado, ficou meio desequilibrado.

Lembrei de algo que ouvi um dia de uma adolescente em crise: "A vida não tem tecla ESC, então tem que encarar" e imediatamente pensei:

1. Vou ter tempo para escolher meu *air bag* novo.

2. Em julho, no meu aniversário, estarei nos trinques!

3. O meu câncer deve estar em algum lixo hospitalar (espero!) por aí e não é reciclável.

4. No Carnaval já estarei recuperada.

E falo pra vocês uma vantagem: foi a dieta mais eficiente que eu fiz. Em quatro horas perdi dois quilos!

Passei todo o dia 20 de janeiro, dia de São Sebastião do Rio de Janeiro e quinto dia pós-mastectomia, em frente à televisão, vendo a incrível cobertura jornalística da posse do extraordinário gato Barack Hussein Obama. Bateu ali juntinho no meu Ibope particular com o último capítulo da novela *A Favorita*, impossível não ver. A posse teve pinta de uma grande produção, com a presença de Spielberg e Dustin Hoffman, um luxo. Fiquei grudada.

Confesso que chorei. Até cantei o hino americano, um tantinho ridículo da minha parte. Aproveitei e chorei por tudo que me acontecera nos últimos tempos, mesmo que tenha sido estimulada toda hora pra isso (câmeras lentas, músicas de fundo, edições dignas de novela), mas me bateu uma esperança danada no futuro da humanidade. Lavei a alma mandando meu câncer pra lata do lixo (onde já devia estar naquela hora, segundo meu pai) e os americanos mandando o Bush para o Texas, de onde ele jamais deveria ter saído. O vazio que senti no meu peitoral foi preenchido por um orgulho bobo de ver aquele negro charmoso, com uma mulher forte, ambos com um nítido preparo educacional, no comando de um país tão importante como os EUA.

Guardadas as devidas proporções (e quanta proporção!), me sinto uma nação americana, que se livrou de um câncer e agora, a partir deste dia, só quer olhar pra frente e se reconstruir. Eita, depois dessa acho que ganho visto no passaporte de, pelo menos, vinte anos!

O QUE NÃO DIZER PARA UMA PESSOA COM CÂNCER

PARÁGRAFO ÚNICO: O CÂNCER NÃO É UMA SENTENÇA DE MORTE.

Portanto, nem todas as pessoas que estão em tratamento (quimioterapia) ou que fizeram cirurgia (mastectomia) ficam de mau humor ou de mal com a vida. Na verdade, quem já encara a vida assim, claro, mas quem ama a vida e tem consciência de que aquilo pelo que está passando é uma fase, não. Eu me encaixo no segundo caso. No entanto, algumas frases e situações são comuns aos dois tipos e acho que posso enumerá-las de cadeira.

1. "Como você está abatida" ou quaisquer frases similares são proibidas.

2. "Nossa, você não morre tão cedo, estava pensando em você agorinha mesmo!" Jamais diga isso pelamordedeus.

3. "Vi fulano [seu ex-namorado] no cinema com a fulana, lembra, aquela que dava em cima dele?" Essa é quase insuperável.

4. "Você precisa fazer a unha." Lembre-se, quando estamos em quimioterapia não podemos fazer as unhas, aliás, sem cabelo e sem ir ao salão economizamos uma grana nesse período.

5. Nunca faça visitas pela manhã. Durante o tratamento, sempre acordamos meio barro, meio tijolo. A quimioterapia às vezes dá um certo enjoo e, com a mastectomia, demoramos a nos vestir ou compor. Avisar antes de aparecer é básico.

6. E, de lei: não ligue para falar daquela balada incrível, imperdível, maravilhosa que você está indo e muito menos

diga: "Puxa, que pena que você não pode ir", ou pior: "Ainda bem que você não foi, estou numa ressaca danada e minhas pernas estão doídas de tanto que dancei!"

7. Evite conversas sobre desgraças, do tipo terremoto, vendaval, enchentes etc. Já estamos vivendo uma fase meio ruim.

8. Não conte histórias sobre câncer com final pouco feliz. Há diferentes tipos de câncer, e uma boa parte deles tem cura.

9. Não conte histórias sobre câncer com final feliz. A essa altura já sabemos mais do que você imagina, além de falarmos com nosso médico com certa frequência.

10. Aliás, não puxe o assunto câncer. É o similar de pedir para aquele seu convidado músico "tocar aquela" no meio da festa de aniversário do seu filho de 10 anos.

11. Caso não veja a pessoa há tempos, já que muitas vezes saímos de circuito temporariamente, não diga: "Nossa, tava pensando em te ligar." Não ligou, pronto. Não precisa se desculpar. É pior.

12. Não entupa a caixa postal de e-mails e zaps do estilo "Mande para 12 amigas e seu pedido será atendido em três dias", acompanhado de um "Pensei em você". Apesar de ser fofo, nós normalmente pedimos para ficar logo nos trinques e saudáveis, mas não conheço nenhum tratamento de câncer que dure menos de três meses.

E por aí vai... O bom mesmo é dar um puta abraço e deixar que a gente se sinta à vontade.

Comecei a escrever meu blog em outubro de 2008, e quatro meses depois ele registrava mais de 4 mil acessos. Verifiquei essa contagem no dia 2 de fevereiro, dia de Iemanjá! Eu não imaginava que fosse ter vontade de escrever por tanto tempo; quem sabe não foi ela que me deu força? Nem sou assim, ó, com ela, tenho aquela intimidade básica de quem mora no Rio (e vez por outra joga flores no mar), já passou algumas férias na Bahia, produziu um documentário sobre o assunto e acendeu umas velas de vez em quando para levantar o astral, agradecer ou fechar aquele negócio. Às vezes até ligo pra minha mãe: "Ô, mãe, acende uma vela aí pra mim!", com a certeza de que ela fez menos besteiras que eu nos últimos anos e vai ser mais bem atendida.

Depois de verificar os números, vi de onde vinham as entradas e pesquei algumas curiosas como "frio constante na barriga", "câncer dói", "para não cair cabelo mesmo na quimioterapia", "como usar henna", "radioterapia fica careca", "tirar o seio", "mastectomia casamento", "como conviver pessoa com câncer", "fazer sexo com câncer", "cabelos careca quimioterapia", "silicone e câncer de mama", além de outras muito loucas e picantes que fico tímida em colocar aqui e que caíram no blog ou por acaso ou porque tem gente fazendo coisas muito estranhas por aí.

Muitas perguntas e questionamentos são essencialmente femininos, coisas de mulherzinha mesmo. Até porque o câncer de mama é em torno de 99,9% feminino. O cabelo, então, é o campeão de perguntas! E pode ser de Manaus, Lages, Califórnia, Porto Alegre, Fortaleza, Lisboa, Macaé, São Paulo, Rio, enfim, não importa, elas só pensam naquilo!

Conheci muitas mulheres que, de tanto que visitaram o blog, viraram amigas.

A essas mulheres que, como eu, ficaram curiosas, tiveram medo, procuraram respostas e fizeram perguntas, deram a volta por cima e/ou estão dando, e a todas as outras que me leem agora, ofereço espelhos, perfumes, anéis, colares, flores, batom e tudo que as deixe mais bonitas e felizes. E as convido para colocarmos todos os balangandãs nos braços, colares no pescoço, nossos lenços coloridos, passar o batom mais bonito para sairmos carmenmirandando por aí, rodopiando e varrendo para longe, como uma baiana na avenida, todas as tristezas do caminho. Sabendo que tudo passará, está passando ou já passou, e, quem sabe, com a ajuda de Iemanjá e do povo de Aruanda. Odoiá. E ficarei feliz se em algum momento puder fazê-las rir, coisa que fiz bastante quando escrevi. Faz bem pra pele e aumenta os leucócitos!

Voltar duas casas para avançar dez!

Um dia acordei meio saudosa. Queria voltar no tempo e ser aquela menina lá de Manaus que corria e brincava de esconde-esconde nas obras típicas de uma cidade em crescimento, andava com a minha bicicleta Jane, a serelepe mulher do Tarzan, tomava banhos de rio com sua água escura, que fazia com que nos sentíssemos realmente Janes e Tarzans, condição que se fortalecia com os quintais cheios de matas enormes (ainda mais quando somos crianças) e povoadas de calangos turbinados que davam um clima tipo floresta mesmo, que nem a deles.

Acordei tão saudosa que, no café da manhã, comi pão com ovo e Nescau, uma das minhas comidas favoritas na pré-adolescência. Vivi em Manaus até os meus 16 anos, e o auge da minha adolescência coincidiu com o auge da Zona Franca. Na época, além dos tênis Nike, das camisas Hang Ten, das calças Lee e dos *skates* que eram novidade no Brasil, nossa alimentação muitas vezes lembrava o que se comia nos Estados Unidos da América, pra onde todos queriam ir. Além dos peixes (pacu, pirarucu, tucunaré etc.) e frutas maravilhosas da região (bereba, açaí, graviola, cupuaçu etc.), complementávamos a alimentação com leite Green-Land, manteigas de marcas que não me lembro e embutidos fantásticos e coloridos, que começávamos a comer pelos olhos. Foi a época do auge dos alimentos pré-fabricados: quanto mais se preservasse a qualidade, melhor seria. Para ilustrar a situação, quando vínhamos para o Rio de Janeiro, onde moro desde 1982, visitar os parentes, trazia os meus tênis usados mais novos para presentear primas e primos e estranhava os itens dos supermercados daqui, que não tinham algumas das minhas marcas favoritas.

Enquanto viajava nas lembranças, pensei: Putzgrila! Será que o meu câncer (ex-câncer, uhuuuu!) veio da minha alimentação *fake*?

Aí imediatamente emendei: *Who knows*? Como vamos saber? Pode ter sido cigarro, depressão juvenil, timidez, o sol inclemente que tomei na moleira todos esses anos, a correria em que vivo nos últimos 25 anos (comecei a trabalhar cedo), ter tomado inúmeras Coca-Colas pela manhã para curar ressacas provenientes de farras universitárias, entre outras escolhas politicamente incorretas dignas da juventude, quando achamos que somos invencíveis.

Nunca vou saber a origem do meu câncer de mama. Infelizmente. Ou não.

Como alguém me disse: somos diferentes a cada dia, e nunca mais vamos nos reconhecer na criança que fomos um dia.

Sendo assim, só me resta ter a melhor alimentação que puder, me estressar menos, valorizar mais meus dias, me afastar de quem e do que me faz mal, não engolir tantos sapos e seguir em frente, me esforçando para me amar cada vez mais, todo dia.

E pensar com carinho na minha infância, porque é como aquele refrão cantado pelo antigo humorista Lilico, marcando com seu bumbo: Tempo bom, não volta mais...

Câncer dá Ibope?

No dia 9 de fevereiro, eu estava no escritório num dia normal (para os outros...), tentando achar uma posição mais confortável (até com relativo sucesso) e me ajeitando como dava na minha nova silhueta de mulher, temporariamente, de um peito só. Era afrouxando o sutiã, afinal estava meio desequilibrado, né?, era procurando uma posição na cadeira para não sobrecarregar o braço, era calor e a blusa estava quente, era frio e a blusa estava fria, era pedindo pelamordedeus para alguém pegar a caneta que caiu, era me aproveitando da situação (claro), enfim, um dia como outro qualquer, mas quase uma operação de guerra!

No meio desse dia, uma amiga ligou: "Clélia, você está na TV." Eu?! Pois então, era uma reprise do *Sem Censura* de que eu tinha participado meses atrás. Tentei correr até uma televisão (incrível, trabalho numa produtora de cinema e não temos uma TV!), mas não deu tempo, confesso que fiquei um pouco mais lenta no pós-operatório e essas entrevistas são rápidas, é pá, pou! Elas só demoram pra quem está lá, agoniado e nervoso. O poder da TV é mesmo im-pres-si-o-nan-te!

Pensei cá com meus botões: Que curioso, já produzi mais de oito filmes, inúmeros programas de TV, peça de teatro, sou uma das fundadoras de dois blocos de Carnaval, tenho uma filha linda, entre outras coisas boas que fiz por aí, e vou ficar conhecida porque tive câncer! Fala sério... Sacanagem...

O tempo do paciente em tratamento de câncer é diferente; a reprise do programa, passada poucos meses depois, parecia um dia muito distante. O tempo é realmente outro pra quem vive essa realidade, para o bem e para o mal. Entramos num tempo paralelo mesmo, cada dia é O DIA. Por exemplo, no dia da reprise, meus cabelos já estavam crescendo e lindos (queria que nascessem lisos e ruivos, mas não rolou...), eu ia começar a radioterapia, me preparava para começar a fisioterapia e me organizava para dar entrada nos papéis e comprar um carro zero com desconto (oba!) e entender direitinho as vantagens que temos quando sofremos uma intervenção dessas. Já me imaginava arrasando com meus seios novos e meu carro zero!

Só sei dizer uma coisa: Ao contrário do *Sem Censura*, da simpática Leda Nagle, e de uma novela saudosa exibida nas tardes da Globo, ter câncer é o tipo de programa que, definitivamente, não *vale a pena ver de novo*.

No Carnaval: sem peito e sem documento

Um mês após a mastectomia, eu já começava a me acostumar com a condição de despeitada. É incrível a capacidade que o ser humano tem de se adaptar às novas situações que lhe são impostas pela vida, ainda mais quando elas não são torturantes. Tem coisas com as quais eu certamente jamais me acostumaria ou jamais deixaria correr frouxo, não mesmo! Sei de todas as variantes, mas algumas são inconcebíveis, como, por exemplo: apanhar do marido, ser destratada por filho ingrato que maltrata seus pais quando esses já não podem se defender, não ter direito ao descanso depois da labuta, andar em carro sem ar-condicionado nos 40 graus do verão carioca, usar calcinha apertada, enfim, milhares de outras coisas.

Bom, falo disso porque, como disse, já havia me acostumado mesmo a estar sem o seio esquerdo. Me acostumei a dormir sem ele, comer sem ele, dançar sem ele, ir ao supermercado sem ele, trabalhar sem ele, já havia me desapegado com-ple-ta-men-te, e cheguei a achar que iria estranhar quando a vaga fosse ocupada pelo novo seio, que eu ainda não conhecia. Pensava em como ele seria. Qual seria a carinha dele? Sentimentos parecidos de quando vamos ter filhos.

Para ir me acostumando, fiz até o teste no Carnaval do Suvaco do Cristo, bloco em que saio aqui no Rio e do qual faço parte da Velha Guarda, apesar de ser ainda muito jovem, diga-se de passagem.

Usei um superseio de espuma e posso garantir que me diverti muito com o meu seio provisório e improvisado e dancei bastante até onde dava, fui até paquerada, o que me fez pensar se não colocava um assim turbinado como o da fantasia... Mas acho que nenhum rapaz iria encarar.

Foi ótimo ter revisto conhecidos e recebido abraços dos amigos, felizes por me ver ali, toda cabrocha. Alguns abraços até exageradamente perigosos e desastrados para a minha condição de pós-operada, acompanhados de algumas cervejas a mais, por isso o "se beber, não dirija", ou, no caso em questão, não abrace. Outros espantados em me ver ali, como se eu já estivesse mortinha da silva, pois para muitos eu já estava com o pé na cova e o meu câncer de mama já tinha virado outro tipo mais barra-pesada, xô, baixo-astral!

No Carnaval daquele ano, me esbaldei na rua Jardim Botânico dançando ao lado das baianas, que tinham seu território protegido pelos seguranças do bloco e de quem eu, por ser da Velha Guarda, compartilhei o privilégio. Assim, pude pular, ainda que bem devagarinho e com os dedos para cima, jogando a cabeça de um lado pro outro, numa tentativa quase ridícula de parecer uma passista de primeira.

Durante esse mês pós-mastectomia, por incrível que pareça, não tive nenhum motivo para me sentir triste. Estava viva e feliz, cantando e dançando aos pés do Cristo Redentor, rodeada de alegria, dos amigos e da minha filha, que debutava no bloco. Estava sem meus documentos, que esqueci em casa, e sem meu seio esquerdo, que se foi junto com o meu câncer, mas afirmo com toda a certeza do mundo: fazia tempo que não me sentia tão inteira!

Quando dois números a mais não fazem diferença, e o mundo das próteses!

Junto com o Carnaval chegou a hora de colocar uma prótese temporária mais de "responsa", afinal, estava tudo cicatrizado e os improvisos já me incomodavam um pouco, além do fato de ter umas surpresinhas, quando, inadvertidamente, o meu seio opcional rebelava-se, saía do local indicado e eu tinha que reposicioná-lo ali mesmo. Sabe aquele homem que coça as partes íntimas em qualquer lugar que dê na telha? Aquele grosso? Isso mesmo! Pois então, me sentia meio assim... Além do quê, essa situação não combinava com a minha animação, já pensou se ele fosse parar na altura do gogó enquanto eu desenvolvia na avenida?

Meninas, meninos ou menines, lembram quando usávamos o sapato da mãe (normalmente alguns números a mais) e saíamos andando por aí como se nada? Pois é, tive um pouco essa sensação novamente quando inaugurei minha prótese nova. Explico: fomos eu e minha filhota Elisa atrás da prótese tamanho 42, mesmo número do meu sutiã.

– Moça, a senhora tem um seio aí pra me vender?
– Qual o número do seu busto?
– 42.
– Tem certeza?

Pois foi nesse momento que aquela moça, do alto de sua sabedoria e prática de anos, me jogou na cara, assim, na lata: "Mas não é 42 messsssssssmo, nem aqui nem na China!" Na China eu não sei, mas este seio, agora sozinho, que tem me acompanhado durante todos esses anos, além de perder seu amigo mais próximo há pouco tempo ainda sofreria o baque de ser, na verdade, outro ser que ele nunca soube? Ter outra dimensão? Ocupar um espaço que não era o seu? Perder ali mesmo sua identidade?! Pois aí começou a humilhação...

Desce um seio, desce outro, e mais outro e sutiã apropriado, e coloca e tira, e o que deu certo foi um número 48. Inacreditável, mas um seio original era 42 e o outro, 48!

Quando acabei a operação, tinham umas cinco próteses e uns sete sutiãs espalhados pela cabine, uma cena que eu nunca tinha visto nem em filmes! No final, já andava com desenvoltura pela loja com o seio na mão, para horror da minha filha pré-adolescente que estava quase refém da situação "Mamãe vai te pegar na escola e vamos dar uma passadinha ali rapidinho".

O fato é que saí de lá portadora temporária de um seio 48 e portadora permanente de outro 42, que, inexplicavelmente, eram do mesmo tamanho. Vai entender... No entanto, agora acredito piamente que o tamanho da prótese é determinado pelo conjunto da obra, ou seja, tudo que o seio tem em torno, mas que não é considerado seio, deu pra entender?

Com essa dupla estranhamente harmoniosa, saí no bloco Me Beija que Eu Sou Cineasta e pulei pra danar, sem me lembrar em nenhum momento de que estava com uma prótese, a não ser quando recebia o abraço dos amigos, felizes em me ver ali. É que a prótese de silicone não tem maleabilidade e é meio dura, e o abraço tinha que ser meio de ladinho, para não ficar estranho. Era esquisito abraçar e provocar um desconforto no abraçado, assim do tipo "Perdeu, playboy, passa a carteira".

Enfim, tudo estava caminhando bem e voltando ao normal. Tanto que, numa manhã, quando me olhei no espelho prestes a escovar os dentes, me peguei falando comigo mesma, ainda meio sonolenta: "Nossa, tenho que cortar o cabelo."

Foi suficiente para um ataque interminável de gargalhadas que me acompanharam por todo o dia, afinal de contas, desde maio (quando comecei a quimioterapia) não falava mais essa frase tão familiar aos nossos ouvidos femininos.

Dia "Espelho meu, existe alguém mais bela do que eu?"

Trabalho acumulado, radioterapia todo dia, ajustes do começo do ano (finalmente!), enfim, em março a minha vida estava uma correria só, como a de muitas mulheres por aí.

O dia 8, Dia Internacional da Mulher, começou assim, como qualquer outro. Só que de manhã, acordei, olhei no espelho e falei, com toda certeza da resposta: "DIGA, ESPELHO MEU, EXISTE ALGUÉM MAIS BELA DO QUE EU?" "NÃO!", respondeu ele, "VOCÊ É A MAIS BELA", resposta certa, no encaixe. Te amo, espelho.

Com essa certeza, "saí pela casa afora, e fui bem sozinha", liguei pras amigas, abracei minha filha, dei um chamego na gata Marie. Coloquei uma música bem alto e cantei junto com o Chico Buarque por um CD inteiro e mais outro. Sua poesia é de amor às mulheres, e queria apresentá-lo pra minha filha numa situação especial. Aquele era o dia.

Queria entrar em contato, mesmo distante, com algumas mulheres que leram o blog e que passaram, passam, ou são amigas, mães, filhas de pessoas que passam pela situação pela qual passei e estava passando. De quantos passos necessitamos! Para elas e com elas, eu queria falar, se pudesse, pessoalmente, afinal, fiquei bem próxima de muitas. Naquele dia eu estava chegando ao final do processo, faltava a reconstrução, ainda estava meio capenga, de asa quebrada, os pelos ainda crescendo, unha nova nascendo, meio careca. Mas em nenhum momento tive dúvidas de que eu era e sou a mulher mais bela do mundo, a mais gata, a mais charmosa.

Gatas garotas, amigas novas e antigas, feliz Dia Internacional da Mulher para todas nós!

Já falei aqui do poder da televisão, mas o poder da internet nos dias de hoje também é impressionante. Em fevereiro de 2009 fui entrevistada por uma simpática jornalista do Portal IG que queria conversar sobre o blog, o tratamento do câncer e tal. Foi bacana, sou faladeira, pedi pra ela me avisar e esqueci. Quase um mês depois de ter gravado a entrevista, estava eu no escritório, feliz da vida porque tinha escrito um bocadinho e entrei no blog para postar. Antes, fui dar uma geral pra ver quem tinha entrado, de onde era, enfim, sou uma metida. Fiquei estatelada, pois tinha pulado uns cem acessos. Dois telefonemas e mais cem. "Não, minha filha, não vamos comprar esse disco porque estamos duras" e mais cem. Desci pra tomar um sorvete e mais cem. Congelei. Pois tinha sido a matéria do IG. Comecei a receber comentários bem diferentes, via blog, via e-mail, telefonemas de amigos distantes que "foram ler o horóscopo e souberam da notícia", enfim, uma infinidade de situações novas de uma só vez. Era depoimento de mãe, de filha, de marido, e alguns mexeram muito comigo de tal maneira que passei o resto do dia com sensações variáveis que iam do "Ih, fiz merda" até "Puxa, que bacana que eu posso me manifestar dessa forma".

Sendo assim, resolvi "embaralhar e dar de novo", e reescrever o que iria postar naquele dia. No fim de semana seguinte, depois de pintar as unhas, depilar as pernas, passar um batom bem bonito e pentear os meus contáveis cabelos, abri um bom prosecco, sentei na frente do computador e postei o que estava na agulha. Queria fazer bonito pras novas amigas.

Chuvas torrenciais castigaram o Rio de Janeiro naquele mês de março, especialmente na sexta-feira 13. Muitos raios riscavam o céu, feito coriscos loucos, num réveillon de Copacabana fora de época. Eu acho a coisa mais linda aqueles raios iluminando tudo, como se a natureza dissesse: "Estátua!" e ficasse todo mundo paradinho na posição de flash. Uma coisa linda, eu adoro! Mas apavorante, claro, ainda mais para quem não está acostumado e/ou desprotegido.

Passei minha infância no Norte, mais precisamente em Manaus, onde os pingos da chuva chegam a doer de tão grossos e fortes. E os raios, então?! Com trovão e tudo, numa sinfonia amazônica de deixar qualquer um embasbacado. E era uma beleza, bastava chover que a gente ia correndo tomar banho de chuva, rapidinho, e rapidinho mesmo! Se fosse discutir a relação, já era. As chuvas da região são potentes e rápidas, já vou, fui.

Na mencionada sexta 13, eu me preparava toda animada para uma festinha de amigos, cheia de segundas, terceiras e quartas intenções, afinal, eu ia pra farrinha, coisa que não andava fazendo muito naqueles tempos. E começou a chover. Muito. E raios, raios, raios... E eu ali, na frente do espelho. Pois foi nessa hora que lembrei da minha infância em Manaus. Bastava começar a relampejar que a mulherada, sob as ordens da minha avó, saía recolhendo as tesouras e corria para cobrir os espelhos da casa toda, era uma loucura!

Pois na hora do grande raio, instintivamente, saí da frente do espelho. De repente me deu um medinho, fiquei amuada. Eu estava grilada e olhava desconfiada para o espelho. Não era mais uma garota, e sim uma mulher que, depois da mastectomia, saía para o seu primeiro possível encontro com um rapaz. Era tudo uma novidade.

Peraí, para tudo: pois olha só, vovó, me desculpe, mas aquele espelho eu não ia cobrir não, de maneira nenhuma.

Terapia das compras: cuidado, o cartão do câncer não paga aluguel

Aproveitando a mirada no espelho, lembro que câncer e cartão de crédito são amigos até certo ponto. Quando recebi o diagnóstico, me veio imediatamente à cabeça a palavra careca, e, logo depois, brinco.

Brincadeirinha... Na verdade, o que eu quero dizer é que muitas vezes, no início do meu tratamento, apelei para a terapia das compras e mergulhei nas possibilidades de interferir no meu estilo. Queria ficar mais gata, lógico. Usei esse artifício para me distrair e me divertir com as minhas mudanças visíveis, e a cada tufo de cabelo que caía eu arrumava uma maneira de me fazer mais um agrado, fosse no visual, no intelectual ou no cultural. Onde desse.

Ia ao médico, comprava um brinquinho. Ia fazer exame, comprava um batom. Ia na quimioterapia, comprava um lenço e mais um brinquinho. Quando juntava a quimioterapia com o médico, um brinquinho, uma blusinha e um CD. Era uma farra de "débito ou crédito?". Quando o bicho pegava, um livro. Ou dois, variava de acordo com o bicho.

Copacabana, onde, como já disse mais de uma vez, fica a clínica dos meus médicos, é, para quem não conhece, uma espécie de Nova Déli da novela das oito, mas com um estilo bem carioca de ser, ou seja, um monte de gente de biquíni andando pela rua. Ali se compra desde calcinha até dentadura sob medida, isso tudo numa distância que não chega a um quarteirão. Usava esse artifício e o meu cartão de crédito do câncer: "Ah, estou com câncer, vou me dar de presente esse brinco." "Ah, já que estou com câncer, vou me dar de presente a coleção do Roberto Carlos, anos 60/70."

É claro que depois da sexta quimioterapia comecei a sacar que podia até ficar sem cabelo, sem seio, sem sobrancelha, mas, pera lá, não podia ficar de maneira nenhuma falida! Comecei a ser mais parcimoniosa nas comprinhas e me dei conta de que esse cartão que o câncer te dá não paga aluguel nem escola de filho e muito menos o supermercado do mês.

Mas acho que foi ótimo ter feito isso por mim naqueles primeiros meses de tratamento: me deixou mais feliz, e eu recomendo. Pode ser qualquer besteirinha, um adesivo, um chaveiro, uma bugiganga qualquer, mas uma coisinha só pra gente.

Mesmo porque, num tratamento desse tipo, a gente sabe, pensa nisso todo dia, reafirma a cada hora e jamais esquece: a saúde não tem preço.

TPM?

Dia 1º de abril é o Dia da Mentira, mas logo nesse dia tive uma vontade danada de sair soltando verdades pelas ventas, rasgar a fantasia, chutar o balde ou o pau da barraca, mandar sair da frente porque senão era pênalti.

O fato é que me deu um mau humor danado, não conseguia explicar o motivo. Não era TPM, uhhhh, eu sei bem como é TPM. Não era nada especial, não tive pesadelo nem dormi com a calcinha apertada, mas sabe aquela sensação de "todo dia ela faz tudo sempre igual, me sacode às 6 horas de manhã"? Pois foi... E a coisa só piorava.

Da minha porta até pegar o carro na garagem foram duas rosnadas: a primeira com a Marie, e pude sentir meus poucos cabelos mais arrepiados do que os pelos maravilhosos dela. A segunda foi pra cadela mala da minha vizinha, dessas que mais parecem um rato (não a vizinha, mas a cadela) e cuja insistência em colocar um lacinho e um frufru a torna mais ridícula ainda. Não minha vizinha, mas a cadela.

Na garagem, o nada educado do outro vizinho (moro num prédio com quarenta vizinhos!) fechou a saída do meu carro e tive que ligar pra trocentos apartamentos pra saber de quem era o tal "carro com insulfilm para proteger dos assaltos" que parou atravessado numa vaga ao lado da minha. Ah, e ainda deixei cair o celular num recuo que me fez perder muitos minutos até achar algo fino que pudesse resgatá-lo, enquanto ele tocava desesperadamente e eu não podia ver quem era. Olha, o dia prometia e ainda eram 7h30 da manhã.

Entrei no carro, enfim. Pude respirar fundo (mesmo dentro de uma garagem) e tentei me acalmar. Fiquei ali parada, com uma vontade de chorar muito grande, num misto de irritação, impotência e tédio. E chorei mesmo. De soluçar.

Eu estava a caminho da minha 13ª radioterapia (no total de 25) e estava de saco cheio! Era isso. Estava de saco cheio daquela rotina sem graça nenhuma que é ir para a radioterapia todo dia e fazer tudo sempre igual.

Como dizem, "Quem não quer brincar, não desce pro play". Era isso, naquele dia, definitivamente, eu não queria brincar de ser uma paciente em tratamento de câncer! Mas não dava, né? Não sou burra...

Resolvi então voltar pra casa e começar novamente o dia.

Peguei um papel e uma caneta e escrevi quatro coisas que eu gostaria de fazer antes do fim da semana:

1. Ir ao cinema.

2. Fazer um bolo de chocolate.

3. Contar pra minha mãe que eu não era mais virgem.

4. Escrever uma carta de amor e mandar pra minha filha pelo correio. Seria a primeira carta (e talvez a única) que ela receberia pelas mãos do carteiro de roupa amarela neste mundo de hoje cheio de e-mail, Orkut, Facebook etc.

Recomeçar me fez um bem danado, e pude sair mais feliz pra mesmice da radioterapia. E se caísse de novo, normal, não sou de ferro. Choraria outra vez e relacionaria mais quatro coisas que gostaria de fazer. Naquele dia aprendi uma coisa importante: a gente tem que se curar pra poder se curar.

Marcha, soldado, cabeça de papel

Abril é um mês de algumas datas comemorativas; depois do dia 1º, Dia da Mentira, vem o dia 8, Dia Internacional de Combate ao Câncer.

Dia Nacional de Combate ao Câncer.

Dia Estadual de Combate ao Câncer.

Dia Municipal de Combate ao Câncer.

Dia Residencial de Combate ao Câncer.

Dia Pessoal de Combate ao Câncer.

Todo o dia, o dia todo é Dia de Combate ao Câncer. Mas, tudo bem, 8 de abril é O Dia Internacional. Mas esse nome, combate, me remete a uma lembrança, no mínimo, curiosa.

Quando via as paradas de Sete de Setembro sempre me comovia com os velhinhos ex-combatentes. Eles foram lutar na Segunda Guerra e tinham feito bonito (ok, se é que se pode fazer bonito numa guerra) e, nas paradas, desfilavam garbosamente, com uma medalha no peito e um orgulho danado. Estavam certos.

Com o tempo, eles foram rareando, foram morrendo de morte morrida e eu não vendo mais os desfiles, que pra mim, lá na infância, perderam a graça. Fui achando tudo aquilo uma bobagem, fui crescendo e tudo ficou distante, não tinha mais baliza nem animais incríveis e fui me tornando uma pessoa mais à esquerda, aquilo era coisa da direita-corrupta--que-tomava-conta-do-país! Ham, ham. Mas, puxa vida, é incrível, o orgulho dos velhinhos me marcou para sempre. Ao ponto de, no lançamento de um filme sobre a Segunda Guerra Mundial, eu quase ter batido continência quando tive a oportunidade de conhecer um deles pessoalmente. Ele tinha algo especial, andava de uma maneira especial, ele era um ex-combatente!

No Dia Internacional de Combate ao Câncer eu me senti uma combatente de primeira, com um exército de cura respeitável, com medalhas, honras ao mérito etc. Tenho companheiras de infantaria, colegas de artilharia, amigas de... bom, não sou boa nessas coisas de hierarquias ou afins, mas que sou e somos combatentes, ah, somos! Para cada uma das colegas de pelotão, uma medalha. Duas. Três. Quantas forem, não importa!

Entendi naquele momento o orgulho deles marchando nas avenidas, cadenciados e em grupos impecavelmente fardados e elegantes, com a certeza de terem ganhado a guerra e, principalmente, de terem sobrevivido a ela.

Eu estava vencendo a minha guerra, e sabia que muitas outras também estavam. sozinhas ou ao lado dos seus maridos, filhos, amigos, pais, vizinhos etc. Espero que todas nós um dia sejamos ex-combatentes, não porque desistimos ou morremos, mas porque essa guerra não mais existirá.

Meninas, avante!

Todo dia é Dia de Índio!

Ainda em abril, no dia 19, se comemora o Dia dos Povos Indígenas, que quando eu era criança se chamava Dia do Índio, e fazia tempo que eu não lembrava disso.

Nas minhas brincadeiras de infância, quando era bem criança, sempre queria ser o índio. Gostava de usar pouca roupa e colocar folhas grandes presas na calcinha, feito uma saia ecológica. Na cabeça, uma outra folha de árvore mais exótica para dar aquele ar mais *fashion* e um arco e flecha feito com uma vareta e um barbante mixuruca, logo abandonado pela incompatibilidade de andar de bicicleta e andar armada ao mesmo tempo.

Ao contrário da minha prima, de cabelos enroladinhos, pele branca, doce como mel e que sempre era a mocinha, eu era a levada da breca, e olhando hoje as fotos da família, volta e meia lá estava eu de cabeça quebrada, joelho ralado, enfim, o oposto da candura da neta primogênita do clã feminino que é a família da minha mãe. E o pior, nos vestiam com roupas iguais, ficávamos um par de jarros estranhos, e eu era sempre a "com defeito".

Eu era tão danada e tão ingênua que, quando meus seios estavam nascendo, eu jurava que era um furúnculo que vinha despontando e me pendurava chorando nos cabelos do meu tio Zizo quando ele me colocava à força pra dentro de casa e suplicava que minha avó me vestisse uma camiseta e me prendesse um pouco ali, pois eu parecia uma moleca de rua.

Usava botas ortopédicas, que me faziam um ser mais estranho ainda, fora dos padrões femininos. Tinha 9 anos quando nasceram os meus seios, e a primeira menstruação veio logo que completei 10 anos. Virei mocinha num susto, e a condição de menina não era o melhor dos mundos pra mim, acostumada à liberdade de uma infância sem estresse ou perigo.

Aquele Dia do Índio era a véspera do meu último dia de radioterapia, o tratamento estava chegando ao fim e me restavam poucos passos para colocar a prótese que me devolveria o seio e a suposta feminilidade que se perde quando se faz mastectomia. Pelo menos, é o que nos deixa mais apavoradas quando recebemos o diagnóstico. Mas, na verdade, nunca, em nenhum desses meus dias, me senti menos feminina, ou o que se convenciona chamar de feminino.

Não sei se foi a minha infância amazônica, a proximidade com a cultura indígena ou como eles povoam nosso imaginário, mas o fato é que sou grata a esse povo livre dos nossos preconceitos, livre das nossas roupas e livre dos padrões de comportamento e beleza que temos. Os índios da minha memória, pelo menos, são assim. Eles me fortaleceram muito e me ajudaram a nunca me sentir "menos" por estar sem um seio. A liberdade e a felicidade que sentia quando me vestia de índio vão me acompanhar por toda a vida, e sempre vou me apegar a isso quando sentir que o bicho está pegando.

Pra mim, faz tempo que todo dia é Dia de Índio.

SRS. PRESIDENTES, COM TODO O RESPEITO

A nossa presidente Dilma Roussef teve câncer quando ainda era ministra, como todos sabem, visto que o fato foi fartamente noticiado pela imprensa no último fim de semana de abril de 2009. Foi um câncer detectado no início, com chances de cura em torno de 90%, e ela certamente teve todo o tratamento digno de um cidadão brasileiro. Digno de um cidadão brasileiro que tem acesso ao tratamento, diga-se de passagem.

Com todo o respeito, srs. presidentes, será que os senhores, donos do dinheiro do governo, sabedores dessa doença tão epidêmica no Brasil, não se interessaram em dar uma voltinha, meio anônima, pelos postos de atendimento de saúde do país?

Com todo o respeito srs. presidentes, será que poderiam fazer uma visita ao Inca e ver o esforço incrível dos profissionais que lá trabalham e, quem sabe, construir um Inca em cada estado brasileiro, com um orçamento digno de quem é responsável e luta pela vida de tantas pessoas? Deem uma passada na ala infantil, é de doer o coração.

Com todo o respeito, srs. presidentes, poderiam dar uma voltinha nos laboratórios de pesquisa de algumas universidades brasileiras e se inteirarem de estudos incríveis que estão sendo feitos por quixotescos pesquisadores que trabalham em condições precárias e ganham um salário inacreditável, menor até que o do contínuo do Senado?

Vossas Excelências, com todo respeito, iriam ficar de boca aberta, pasmos mesmo. Os senhores teriam ideia de quantas dores poderiam ser evitadas, de quantas famílias seriam poupadas de sofrimentos sem fim, se todos, é claro, pudessem e tivessem o direito de receber diagnósticos precoces como o da presidente Dilma. Um exemplo prático: meu pai, classe média, professor universitário aposentado, morador de bairro nobre de Niterói, precisava andar (ainda bem que de carro!) por uma hora para fazer uma sessão diária de radioterapia. Agora, srs. presidentes, imaginem o cidadão que serviu café na universidade em que meu pai deu aula em Manaus e que, por azar, teve um diagnóstico, não precoce, obviamente, de câncer? Esse aí, coitado, se existisse fora da minha imaginação, com certeza já teria morrido faz tempo... e até hoje não saberia do que morreu.

Portanto, srs. presidentes, transformem o PAC (Programa de Aceleração do Crescimento), em PACB – Programa de Amor ao Cidadão Brasileiro. Este sim, merece ser eleito.

Srs. presidentes, que Deus os proteja.

Tempo, tempo, tempo, tempo, faço um acordo contigo

Muita coisa aconteceu na minha vida durante o período de tratamento, entrei num turbilhão de trabalho, feriados que se sucedem tornando nossas semanas menores e mais velozes, enfim, me perdi de mim um pouquinho.

Quando me dei conta do que estava acontecendo, pensei: peraí, não posso de maneira nenhuma ficar refém dessa maluquice que é a vida de mulher, mãe solo, empresária, modelo e atriz (brincadeira...).

Na verdade, vinha administrando minha realidade de paciente com câncer muito bem, havia mudado o meu ritmo de vida e tinha e tenho motivos suficientes para isso. Sacava o meu cartão do câncer cada vez que a coisa pegava e havia me livrado de muita coisa chata e que ocupava meu tempo à toa. Algumas obrigações que só têm graça para quem está vivendo, como batizado, casamento, festa de criança, enfim, parei de vez. Só ia quando me dava realmente vontade.

Mas as coisas vão se acomodando, acabei a quimioterapia, a radioterapia, fiz a cirurgia e andava com uma prótese provisória que quase me fazia esquecer e que virou minha melhor amiga, apesar de requerer mais cuidados do que minha gata Marie. Era um tal de secar, passar talquinho etc. Um dia sonhei que a perdia, não a gata, mas a prótese, e acordei gritando pra Rai: "Rai, cadê meu peito?" E ela veio esbaforida me acudir e me avisar que o vizinho estava na porta pedindo emprestado o carregador do celular que... bom, isso é outra história... Só sei que fiquei morta de vergonha do meu vizinho, e acho até que ele andou me evitando nas áreas sociais do prédio. Não perdi a prótese, claro, que dormia sossegada em sua caixinha na mesa de cabeceira, acompanhada dos meus óculos e do despertador. Tudo na santa paz.

À espera da cirurgia de reconstrução do seio, eu tinha que me poupar, me cuidar e me preparar psicologicamente para mais aquela etapa que aconteceria, provavelmente, só em agosto. Até lá, precisava manter a "mente quieta, a espinha ereta e o coração tranquilo". E, para não entrar na roda-viva novamente, adotei alguns rituais. Um deles foi o de acordar, pegar a bicicleta e dar uma volta por meia hora. Eu e minha bicicleta... como nos velhos tempos. Tirei um tempo só pra mim, e isso me ajudou a ter a cabeça mais leve, a relaxar.

Em maio vivi uma situação recorrente durante umas duas semanas: reencontrei pessoas que não via há tempos. Incrível! No domingo das mães, para coroar esse período, reencontrei minha amiga Pólita, a mais antiga de todas as amigas e a mais próxima por muitos e muitos anos, do início do primário até o fim da faculdade, pelo menos. Para ela contei o primeiro beijo, a primeira menstruação, a primeira relação sexual, todos os meus medos e alegrias, descobertas comuns à trajetória de uma mulher. E vice-versa. Quando vim morar no Rio e ela ficou em Manaus, nossas cartas (meu Deus, escrevíamos cartas!) eram constantes e verdadeiras obras de arte (principalmente da parte dela, claro), embrulhadas em papel colorido, com recortes, cheiros, enfim, haja tempo ocioso! E como a gente sofria e escrevia cartas dificílimas. A gente era metida mesmo, se achava ali ó com a Clarice Lispector.

Depois ela finalmente veio morar no Rio, e a condição de comissária de bordo era favorável para encher nossas vidas de novidades, de canetinhas diferentes a bebidas mais turbinadas, passando pelo CD difícil de achar no Brasil. Foi uma época maravilhosa!

Com o tempo, aos poucos fomos nos afastando, e até agora não sei ao certo o motivo.

Aliás, tenho muita dificuldade para lembrar, o que me deixa triste. Com o passar do tempo, esqueço os motivos que me trouxeram algum desconforto, sou facinha, facinha. Não guardo nadica de nada que me faça mal, portanto, sou a prova viva de que não tem nada a ver essa história de que guardar rancor ou ressentimentos dá câncer. Pelo menos o meu não foi por isso.

Quando recebi o diagnóstico, liguei logo para a Pólita. Tive uma vontade enorme de falar com ela especificamente, talvez porque ela fosse a única pessoa capaz de me contar aos pouquinhos, remotamente, como eu tinha chegado até aqui, fazer o link e juntar os meus pedaços para ganhar força e enfrentar a doença como gente grande. Que nem João e Maria, eu tinha jogado os miolos de pão pelo caminho, e ela era uma pessoa que podia me ajudar a me achar.

Me fez muito bem falar com ela, com certeza. Sempre fez e daquela vez não seria diferente. E aí fui fazendo disso um hábito, liguei pra pessoas que não encontrava mais, colegas de faculdade, ex-mulheres ou maridos de amigos, ex-namorados etc.

Na verdade, muita gente eu reconheci, no sentido de "conheci novamente". Gente que fez parte da minha intimidade e de quem eu estava distante ou via de outra maneira, ou, sei lá, pouco via! O fato é que meus hábitos mudaram em parte, baixei a bola, fiquei mais atenta. Sei que não sou invencível, reconheço valor nas pequenas coisas do cotidiano banal, presto mais atenção nas palavras que ouço e penso duas vezes antes de dar as minhas respostas. Não que eu fosse uma louca desvairada ou que não fosse cuidadosa com as pessoas que amo, mas certamente sou, em parte, outra pessoa. E sigo aproveitando meus dias para resgatar gente, comportamentos, pedaços de conversa, hábitos maravilhosos que havia deixado pra trás. Como cantava o poeta Cazuza, e de quem roubo a frase e interpreto livremente: "Eu vejo [neste caso, vivo] um museu de grandes novidades."

Chegando ao prédio do escritório alguém me chamou com insistência: "Dona Clélia, ô, dona Clélia!" Parei e olhei até onde minha miopia pôde enxergar, espremendo os olhinhos até a pessoa entrar em foco. Toda espevitada, faceira, colorida, a mulher veio de braços abertos e coração idem. Já colada em mim, me sapecou dois beijinhos e aí pude afinal reconhecê-la. Era dona Raimunda, de 52 anos, a minha mulher adotada na campanha "Adote uma possível portadora de câncer de mama", lançada no blog e reproduzida poucas páginas atrás. Fiquei impressionada com a sua mudança. Ela estava uma gata!

Dona Raimunda, a senhora simpática vestida no seu uniforme de limpeza azul nada sexy, sempre me cumprimentava com um bom-dia alegre e animado, mas dava pra ver que era uma senhora sofrida e, apesar da pouca diferença de idade entre nós, já era avó de uma garota de 15 anos, que ela sustentava. Pois dona Raimunda nunca tinha feito uma mamografia em toda a sua vida. Quatro filhos e nenhum exame do útero! Tinha tido três maridos e só eles tiveram acesso aos seus seios, nenhum médico havia chegado perto deles. Adotei-a no ato!

Em janeiro de 2009 ela começou os exames e eu fiz a minha mastectomia. Nossos horários não coincidiam, e ela deixava os resultados na minha sala. Em abril ela tirou férias, mas antes me deu as notícias: "Ótimos resultados, tudo certo graças a Deus, pressão um pouco alta, nada de grave, adorei a médica, muito obrigada, tô rezando muito pela senhora."

Nosso reencontro aconteceu em maio. Numa rápida conversa, ela me disse que estava num projeto social da comunidade onde vive e que atende mulheres (corte de cabelo, manicure, trabalhos manuais, dentistas, esclarecimentos de saúde e direitos etc.). Já tinha levado mais de dez mulheres ao mesmo posto onde tinha ido e estava feliz da vida. Nos abraçamos, ela me apresentou pra amiga que a acompanhava me colocando no céu, nos despedimos e me encaminhei para o elevador.

Mais tarde naquele dia encontrei novamente com dona Raimunda, no mesmo uniforme azul nada sexy. Mas ela estava coradinha, o cabelo cortado, preso com uma fivela prateada, e um batom rosa-claro. O uniforme pareceu até um pouco mais sexy. Sem dúvida, alguma coisa tinha mudado, e fiquei muito feliz de ter contribuído para isso. Ela me disse que todo dia rezava pela minha saúde, e que se eu precisasse de qualquer coisa era só pedir. Ficamos ali mais um pouquinho, e eu pensei comigo: não quero nada não, dona Raimunda, ou melhor, Raimunda, só quero que você continue me dando bom-dia com esse sorrisão maravilhoso pela manhã. Ganhei a semana. Adote uma mulher você também e ganhe uma nova amiga.

No supermercado ao lado da minha casa tem o pãozinho francês mais gostoso da cidade, e que não é de boutique, claro. Pão de boutique, para quem não sabe, é aquele que é feito com grão especial, vem num filó, e tal e coisa, quase uma joia. Não que eu não goste, adoro! Mas fico quase constrangida de comprar, pois o preço é bem maior que o do pão nosso de cada dia e penso logo: engorda, *vade retro*, e pronto, esqueço o assunto.

Minha filha estuda de manhã bem perto de casa, umas três quadras, ou seja, ponto a ponto. Sobe no ônibus em frente ao nosso prédio, é o tempo de pagar e descer. Mas mãe é mãe, fico com peninha e acabo levando de carro, tomamos (ela) um café juntas, vamos batendo um papinho, falando bobagem e sei que ela gosta, apesar de morrer de vergonha do nosso carro Clio-Renault-azul-desenho-animado já cheio de batidinhas (garagens apertadas!) que nos serve com garbo. O fato é que na volta, na maioria das vezes, passo nesse supermercado que tem também um café da manhã delicioso. Sento lá, tomo um café com o pão fresquinho e vejo o *Bom Dia Rio* na companhia silenciosa de algumas pessoas do bairro, gente que está indo pro trabalho, outros voltando da ginástica, a maioria na companhia também do jornal impresso.

Já fizemos quase um grupo, e as atendentes já sabem o que eu quero, "Oi, como vai, e sua mãe, melhorou?". E o dia fica bem mais fácil.

Às quartas-feiras faço terapia (sim, ou vocês acham que eu me aguento?) e sempre que posso vou de bicicleta, faço um exercício básico e vou olhando a paisagem. Em frente ao consultório da minha terapeuta tem um supermercado igualzinho ao do lado lá de casa, da mesma rede, do mesmo dono, da mesma cor e com o mesmo suco e pão. Bom, bicicleta + sede = água, logo, antes de entrar no consultório, fui até o supermercado de coração aberto, cheia de amor pra dar e peguei um suquinho. Fui ao caixa para pagar, mas não havia ninguém lá. Depois de uns cinco minutos esperando, um funcionário me informou que a responsável "Tinha ido buscar uma coisa ali rapidinho e já voltava". Quando a moça chegou, estendi uma nota de dez reais e ela me perguntou, num tom meio ríspido, se eu não tinha uma nota menor. "Menor que dez?", perguntei espantada. A despesa era de quase cinco reais. "Ah, então espera aí, ih, errei." O troco chegou mais de dez minutos depois, junto com a supervisora. O meu suco, é claro, já tinha acabado, e eu estava com um atraso de dez minutos. Mas o que me irritou mesmo foi a grosseria da atendente com os olhos pintados no estilo novela *Caminho das Índias*, que falou comigo com a doçura de um pitbull, como se eu tivesse lhe feito alguma coisa que não sorrir, e ainda olhava para todos os lados, menos pra mim, a quem ela atendia!

Perguntei, ainda calminha: "Meu bem, você está com algum problema?" Ela respondeu: "Estou meio doente... porra" (o palavrão saiu sem querer, claro, mas saiu)! Fiquei um pouco atarantada e apenas disse que ela, então, não deveria estar trabalhando e fui embora.

Subi para a terapia e no meio da sessão estava chorando. Aquela moça tinha me magoado e eu tinha me deixado magoar. Não consegui reagir na hora, afinal, ela estava ali no batente e eu de bicicleta no Leblon (bairro nobre da Zona Sul do Rio), indo para a terapia; culpa cristã misturada com uma certa vulnerabilidade tepeêmica, apesar de estar precocemente ou temporariamente na menopausa. Ali na terapia comecei a reagir, ora, porra, e o que eu tenho a ver com isso? Em meu estado emocional normal, saí da terapia, atravessei a rua e entrei decidida no supermercado, já não tão maternal quanto às oito da manhã. "Minha filha, olha só" (olhando bem nos olhos de Maya dela), "tá vendo o meu cabelo bem curto? Tá vendo a minha sobrancelha bem rala? Tá vendo esse peito bem maior que o outro por debaixo da minha blusa? Tá vendo esse cateter que me impede de usar camisetas mais ousadas para não ter que explicar que porra é essa? Pois é, dona Suria, Xirad, Shankar, Opach, sei lá o quê, pois então, você não tem ideia de como estou (estive) doente, do que eu passei nos últimos meses e o que vou encarar pela frente e você não vai me deixar pior nem um tiquinho a mais! E trate de chamar a sua supervisora porque é inadmissível que alguém trabalhe doente neste estabelecimento! Ah, e pro seu governo, vou sair daqui e encarar no mínimo dez horas de trabalho! E não vou sair mordendo os outros por causa da minha dor particular!" Ela, com os seus olhos arregalados de Raj ou Bahuam, me pediu desculpas e disse que não tinha tido a intenção etc. Ali pude falar que ela não podia despejar sua raiva do mundo na primeira pessoa que aparecesse na frente, que todo mundo tinha problemas e que ela tratasse de ir ao médico pra ver o que diabos tinha. E saí andando, bem mais leve do que entrei, não sem antes dizer: e trate de fazer o autoexame! Fui!

Subi na bicicleta feito num cavalo azulão rumo ao meu forte apache, dando ainda uma paradinha para apreciar uma paisagem bonita. Já chegando em casa, passei no meu supermercado preferido e entrei rapidinho para conferir o alto-astral daquele lugar e encontrar minhas amiguinhas atendentes de sempre.

Ufa! Estavam todas lá, sorridentes, me cumprimentando com a simpatia de sempre, "E aí, bom dia, apareceu tarde hoje", e pronto, meu dia já estava melhor. Estava mega-atrasada, mas queria começar o dia novamente e consegui. Pequenas vitórias fazem a gente ganhar uma guerra, e a minha guerra particular eu não ia perder.

Moro no Rio, mas adoro São Paulo. Evitei reuniões lá por mais ou menos um ano, pois fazendo quimioterapia eu me sentia um pouco cansada, tive alergia com as mudanças climáticas e meu oncologista preferia que eu ficasse por perto. Sabe como são os oncologistas, né? Ciumeeeeentos.

Durante três anos, toda segunda-feira trabalhei por lá e era sempre incrível. A viagem já começava na saída do Rio. Saía do Jardim Botânico e pegava o Aterro do Flamengo, que é maravilhoso (obrigada, Burle Marx). Chegava no Aeroporto Santos Dumont e sentia uma alegria imensa, obrigada, Marcelo e Milton Roberto (arquitetos responsáveis pelo projeto). O aeroporto em si já é demais, acrescente a isso uma abençoada visão privilegiada do Rio de Janeiro sob o ponto de vista da janela do avião. Obrigada, Deus.

Bom, chegar a São Paulo também é o máximo, é de uma riqueza que orgulha. Homens engravatados, mulheres bem-vestidas, táxis novos em folha e aquele friozinho básico. No inverno, me sentia muito bem em vestir roupas que só vestiria na Europa (pelo menos na minha imaginação) e que, graças a São Paulo, se livravam do cheiro de naftalina.

Voltei depois de um ano para dois dias de trabalho. Fui participar de um fórum de TV, fiquei na cidade por dois únicos dias e tive a falta de sorte de pegar a noite mais fria de Sampa. Sete graus; de bater o queixo, um frio do cacete, daqueles de doer os ossos e não ter vontade de sair do quentinho do edredom. Mas, tudo bem, pedi, então tome! Quis usar minha roupa bacana, então me foi mandado um dia especial para que eu me vestisse o mais chique que pudesse, estreasse meu novo cabelo-pós-quimioterapia e encontrasse pessoas que não via desde que havia parado de circular em eventos meio cansativos como aquele. Não cansativo de ser chato, mas de ser cansativo mesmo, horas em pé e andando de um lado pro outro!

Aprendi quatro coisas em São Paulo dessa vez e as repasso humildemente:

1. Em São Paulo tudo é meio longe, e se o evento para o qual você se dirige está localizado em um estabelecimento que tem a palavra Expo na frente, prepare-se, você vai andar muito, não só pra chegar lá como dentro do próprio evento. Fiquei acabada. E aprendi uma lição nessa minha ida: vá de tênis e jamais com aquele sapato bacana que você achou que ficaria linda, gata, maravilhosa e garbosa. Prefira seu bem-estar e conte com sua inteligência.

2. Os bolsos dos blazers vêm costurados. Como estava frio, instintivamente procurei os bolsos, mas ao encontrá-los percebi

que estavam costurados. Pensei, mas que loucura, um bolso falso! Meu amigo Leitão, bem viajado, me explicou: "Clélia, os bolsos vêm costurados levemente, mas é só dar uma puxadinha no fio que ele aparece." Ufa! Alívio. Como é que puder viver 45 anos sem saber disso?

3. Nunca diga para um amigo "que vai dar uma passada aí". Impossível. Qualquer passada na casa de alguém, dependendo da hora, é praticamente dormir com a pessoa. Tentei, mas não consegui fazer nada que durasse menos de quatro horas, sendo uma hora e meia pra ir e outra hora e meia pra voltar. A social e mais a Expo me deixaram exausta, então desisti e optei por pegar o *Caminho das Índias* e ficar com o Raj naquela noite, que incrivelmente não descobria quem diabos telefonava para a Maya do Brasil já que ela não conhecia ninguém por aqui! Entediada com a situação, me agarrei no livro *A cidade ilhada*, de Milton Hatoum, que alimentou a minha imaginação.

4. E, por fim: o uísque do aeroporto de Congonhas é um roubo!

Mas, como falei, adoro São Paulo, e sair de Congonhas e ver a cidade pela janela do avião com seus prédios incríveis e sua mais nova ponte linda dá uma sensação boa de que o Brasil deu certo. Pelo menos da janela do avião.

26 de junho de 2009 foi um dia de lascar! Aos 62 anos, morreu de câncer uma das minhas ídolas de infância, Farrah Fawcett, uma das panteras do popular seriado de 1976. No original, eram anjos de um Charlie que nunca aparecia; aqui, viraram

As Panteras. Sou uma mulher de quarenta e alguns anos e já tive meu dia de querer ser a Farrah Fawcett. Me diga agorinha mesmo: quem nunca teve? Aqueles cabelos louros com as pontas viradas para fora e uma escova superbem-feita eram uma bofetada na garota aqui que tinha os cabelos *ruins*, como se referiam aos nossos cachos, hoje gloriosos, há bem pouco tempo. Pois na fase pós-quimioterapia, os meus cachos vieram com a corda toda, e eu os adoro mais do que nunca!

Farrah tinha aquela boca que brilhava com um displicente hoje *gloss*, antes brilho, meio entreaberta e deixando à mostra os dentes lindos e alvos que contrastavam com os meus de adolescente, que, como toda que se preza, tinha uma relação de amor e ódio com a escova de dentes. Sem contar que eu era alvo fácil de dentistas recém-formados que cabiam no orçamento dos meus pais.

Aquelas aventuras mirabolantes com aquele figurino impecável e elegante que nunca amarrotava ou sujava faziam uma diferença danada se comparadas com minha aventurinha bem pequenininha pelas ruas do bairro onde morávamos na minha infância, pelo quintal que continuava num matagal e a companhia da Jane, minha bicicleta descascada e herdada de alguém. Ir até o bairro vizinho era o máximo de aventura que meus pais permitiam ou que eu tinha coragem de encarar. E meus joelhos, sempre ralados, eram uma propaganda ambulante do band-aid, que na minha época era bege, sem graça nenhuma. E olha que eu não vivia nem um centésimo da aventura das moças!

Fora aquele colorido todo e a música incrível da abertura do seriado que adentrava as nossas tardes amazonenses, que, com o seu calor abrasador, eram mais apropriadas para um "piano ao cair da tarde", tal a moleza em que a gente ficava.

O câncer venceu Farrah numa agonia pública, quando ela se despedia da sua beleza e da sua vida tão cheia de graça. Vi o documentário sobre a luta dela contra a doença, um câncer no reto agressivo e fulminante. Vi muitas vezes e pude me despedir dela em particular. Nesses dois últimos anos, não havia mais nada a fazer, e ela esperou esperneando. Como uma eterna pantera, lutou até o fim. E, como diria o Charlie, por meio do seu radinho indefectível: "As Panteras são como diamantes, vão durar para sempre." Ou algo assim.

Valeu, Farrah, não sei o que de Pantera você deixou marcado nas memórias da minha infância, mas já sei que, pra vencer um câncer, a gente tem que se agarrar à vida como uma leoa!

Dois dias antes do meu aniversário, como sempre no dia 9 de julho, pensei que a única vantagem de estar ficando mais velha é que a gente não tem tanta pressa, assim, raramente recorre à taxa de urgência. Eu diria que é uma das únicas, além de maturidade, tranquilidade e outras coisas que nos falam pra que desviemos a atenção da nossa pele que não é mais viçosa e dos efeitos da lei da gravidade. Eu contava nos dedos o dia em que a lei da gravidade atuaria mais sobre os meus seios! Ah, esse problema não teria mais! Quando colocasse a prótese, adeus sutiãs. Aliás, uma das minhas fantasias femininas sempre foi a de não usar sutiã, coisa impossível com os meus seios, que teimosamente olhavam um pra cada lado e nunca passaram no teste do lápis. Nas minhas fantasias, como num comercial de margarina, circulava no meio da sala displicentemente sem sutiã, e eles nem se mexiam! Mas não vou cuspir no prato que comi; os meus seios, mesmo não sendo uma Brastemp, me fizeram muito feliz.

Por outro lado, apesar de estar mais paciente com o mundo, tinha uma sensação de que a idade nos faz selecionar mais o tempo gasto. Compromissos longos e situações intermináveis não combinavam com o meu estado de espírito. Não dá para falar cinco minutos em uma hora! Filme de mais de uma hora e meia, nossa, eu estava fugindo. Tenho um amigo, Juca, que quando a gente chamava pro cinema perguntava quanto tempo tinha o filme, e nunca qual era o filme. Achava engraçado, mas agora entendia o Juca, sábio Juca. Não fiquei impaciente, pelo contrário, fiquei urgente. Urgente em não transbordar com bobagens.

Não sei se foi a idade ou o câncer, mas minha maturidade finalmente havia chegado. Tenho percebido isso nas pequenas coisas e nas grandes festas de 50 anos dos meus amigos mais próximos. E, claro, no número de amigos já avôs ou avós que tomam um chopinho no fim de semana. Ah, e quando meus alunos da PUC não têm ideia do que seja cruzado e cruzeiro, e alguns de meus colegas de trabalho na equipe de filmagem nasceram nos anos 1980, quando eu já estava na faculdade.

Dito isso, resolvi comemorar meu aniversário. Aquele ano merecia uma celebração, eu estava bem, meu câncer havia ido, e tinha motivos de sobra para estar de bem com a vida. Futuro, aqui vou eu!

Seu Bessa, aguenta firme!

Do dia 15 de julho ao dia 18 de agosto, estive ocupada filmando um longa-metragem, e, quando isso acontece, mal tenho tempo de pentear os cabelos. E olha que naquele momento eles eram muito poucos. Até o fim da filmagem, eu teria que me contentar com beijos furtivos na minha filha, telefonemas e e-mails para os amigos e só. No meu dia de folga fui visitar meu pai, que continuava lutando com as suas armas contra o câncer de pulmão. Meu pai não entregava os pontos e eu tinha vontade de ficar lendo pra ele, mantendo uma conexão intelectual, além da amorosa, que é fato entre a gente.

Durante esse período de filmagem tivemos uma sessão dupla: meu pai fez químio e eu fiz minha revisão trimestral, além de limpar meu cateter, que ficou novo em folha. Pela primeira vez, levei minha filha comigo.

Ir no dr. Eduardo me dava muita segurança, e quando ele dizia, "Muito bem, moça, está tudo ótimo!", me dava vontade de rodopiar pelo consultório... Naquele dia saí de lá e fui tomar um sorvete com a Elisa, pra comemorar.

Estive fortemente comprometida com o trabalho durante aqueles meses. Mas isso é normal, e eu gosto. O fato é que, além do trabalho, acabei me fechando em copas.

O câncer tinha resolvido brincar na minha seara, e meu pai desde dezembro vinha enfrentando todo tipo de desconforto por conta do câncer de pulmão descoberto já em estado avançado. Ainda em dezembro descobrimos uma metástase, o que nos deixou atônitos e tristes, claro, afinal, a nossa cota já estava preenchida. Ilusão minha: um passinho à frente, por favor, e no mesmo dia em que fiz minha mastectomia meu pai enfrentava a primeira quimioterapia. Só aqui dá rima, no mais, é puro mal-estar.

Certamente, foi muito mais difícil lidar com o câncer do meu pai do que com o meu. O meu tinha controle, o do meu pai, não. Já não tinha mais cura, e pensávamos simplesmente em lhe dar conforto, amor e dignidade.

Sou a filha mais velha, e meu pai é, de longe, o homem que mais amei ou amo em toda a minha vida. E olha que eu já tive muitos amores e conheci muita gente bacana no meio do caminho, mas meu pai é fora de série. Excelente pai, grande amigo, bem-humorado, muito inteligente, papo agradável, sempre uma presença valiosa e discreta em nossas vidas. Precioso. Nesse período, passei com ele o máximo de tempo que pude, acompanhei minha mãe onde dava, virava mãe e filha em minutos. O que fazia com ele? Lia histórias e o jornal, via jogos do Botafogo na TV. Coitado do meu pai, além do câncer, torcedor do Botafogo, como eu... E, claro, ficava fazendo cafuné, contando piada, exagerando nas cores, levando o máximo de vida que podia para dentro do seu quarto.

Agindo, como já nos ensinou Paulinho da Viola, "Como o velho marinheiro, que durante o nevoeiro, leva o barco devagar".

Eu e meu pai estávamos juntos nesse barco. Infelizmente, ele não resistiu ao devastador câncer de pulmão e faleceu no dia 3 de setembro de 2009, às 14 horas de um dia solar de primavera na cidade de Niterói. Morreu em casa, com os filhos segurando sua mão e a certeza de que sua vida tinha valido a pena. Já sinto muitas saudades, mas o seu Bessa até nisso foi maravilhoso: nos preparou com antecedência para esse momento com todo o seu humor e carinho, e quando a doença fugiu ao controle, saiu de fininho. Sempre elegante, o meu pai.

Tive a sorte de ter sido sua filha, de ele ter me indicado as direções certas e me apoiado nas minhas escolhas, nem sempre as mais certeiras.

Meu amor, muito obrigada por me deixar tão boas lembranças.

Te amo pra sempre.

O NETO DA VOVÓ

José Ribamar Bessa Freire, Coluna Taquiprati, 06/09/2009

De onde é que o tio Eduardo tirou aquele nome? Ninguém sabe. Mas da Bíblia, que ele lia diariamente, não foi. Não existe, nem no Antigo nem no Novo Testamento, profeta, apóstolo, evangelista ou santo chamado Heyrton. Foi, porém, com esse nome raro — Heyrton — que batizou o filho, pimbudo e ligeiramente estrábico, nascido em 1937, num seringal em Sena Madureira (Acre). O primogênito encabeçou uma lista de quarenta netos da vovó Marelisa, reinando durante algum tempo, soberano, como primeiro e único, até o nascimento dos demais.

Quase todo mundo tem apelido. Mas, engraçado, o Heyrton não! É fácil explicar. Um dos irmãos dele, por exemplo, reconhecido internacionalmente pelo nome artístico de Djwery Power, seria um ilustre desconhecido se fosse apenas um Geraldo qualquer. Isso porque, em toda família que se preza, há sempre um Geraldo. Djwery Power, porém, só tem um. Aqui, o apelido é que confere a singularidade, a notoriedade.

Não é o caso do Heyrton, que não carece de apelido, posto que só três seres no planeta — e olhe lá! — giram a cabeça quando escutam esse nome: os dois Heyrton, pai e filho, e um cachorro de raça na Bélgica que, por sua fidelidade e beleza, deu origem ao "Troféu Heyrton da Planície de Flandres", se o Google não mente.

Na boleia
Aos 4 anos, sem ter frequentado a escola, Heyrton olhou uma placa e soletrou em voz alta: E-pa-mi-non-das, nome da

avenida que corta a rua Monsenhor Coutinho, no Centro de Manaus, onde vovó morava, num casarão com porão e jardim. Assombrou a família. Passou a ser atração dos vizinhos, lendo manchetes do *Jornal do Commercio*, como a notícia do bombardeio de Pearl Harbor pelos japoneses, em dezembro de 1941.

Foi assim que os netos cresceram, ouvindo essas e outras façanhas, enriquecidas ao longo do tempo com novos detalhes, recriados nas reuniões familiares, que eram muitas, naquela Manaus dos anos 1950, onde as famílias viviam tribalmente. A casa da vovó era uma grande maloca, com cheiro de tabaco do cachimbo, que ela pitava, e de café, que ela pessoalmente pilava. Ora, tibis! Como era bom o cheiro da vovó!

Maloca aglutinadora. Ela unia e reunia a tribo. Nas noites quentes de Manaus, enquanto os adultos discutiam a empresa de ônibus estatal Transportamazon, criada pelo PTB local, os netos de todas as idades se aboletavam na carroceria de uma fubica do tio Manoel, dirigida pelo Heyrton, já com 18 anos, olhado por todos com reverência e admiração. A fubica descia a João Coelho e subia o boulevard até a Caixa D'Água, no meio de muita algazarra. Era uma senhora aventura! O lugar dele, na boleia, nunca foi questionado.

Logo depois, Heyrton encontrou Rosilene, paixão fulminante, com quem se casou, levando a sério o "até-que-a-morte-nos-separe". Quando o genro predileto, anos mais tarde, lhe prestou homenagem, batizando suas próprias úlceras — eram duas — com os nomes de Rose, uma, e Lene, a outra, o sogro fez um comentário matemático: "É. Ela vale mesmo por duas."

Graduado em química, Heyrton fez a pós-graduação em física, na Universidade Federal do Paraná, onde nasceu a primeira filha. De regresso a Manaus, trabalhou como pesquisador do Inpa e de lá saiu, concursado, para lecionar física na Universidade Federal do Amazonas e na Escola Técnica Federal de Manaus. Suas aulas inesquecíveis lhe renderam homenagem dos alunos, que batizaram, com seu nome, o Laboratório de Iniciação Científica.

Era seresteiro. Tocava violão e piano. Foi a primeira pessoa que ouvi cantar em espanhol: "Malagueeeeeeeña, salerosa." Depois, a partir dos anos 1970, as noitadas de dominó e as conversas regadas a cervejinha, que ele tanto apreciava, foram tecendo relações sólidas de afeto e cumplicidade. Deixamos de ser primos. Passamos a ser irmãos, compartilhando reflexões, entre outras, sobre a educação dos filhos.

Defendeu com pensamentos, palavras e obras o direito de cada um decidir sobre sua própria vida, sobretudo seus filhos, cuja liberdade de escolha foi sempre por ele estimulada. Era um compromisso radical, que os meninos souberam apreciar e valorizar. Mas não abdicava do seu lugar na boleia: "Baixinha, vamos combinar assim: você cuida do teu câncer que eu cuido do meu" — ele disse pra filha mais velha, com câncer de mama, que tentava, no desespero, encaminhar o tratamento do pai.

Estou indo

No início dos anos 1990 — ele já aposentado —, nossas famílias se mudaram para Niterói, de onde essa coluna passou a ser remetida semanalmente até os dias de hoje. Ele dizia que era um caso singular, alguém ter que andar quase dois quilômetros — a distância entre nossas casas — para se comunicar via internet. É que, analfabeto digital, eu lhe levava um disquete com a crônica semanal. Ele me hospedava na sua home page — *Cidade Virtual dos Bessa e Birutério* —, e era de lá que repassávamos o artigo.

A coluna, antes de ser enviada ao jornal, era lida por ele, a quem eu solicitava críticas, argumentando: "É para o controle de qualidade." Suas observações, quase sempre incorporadas, me davam segurança. Heyrton tinha um raciocínio lógico, científico, rigoroso, que usava para olhar o mundo, os fatos, o cotidiano, com a precisão de um cirurgião ou de um relojoeiro, mas com um humor discreto, elegante, comedido, refinado. Era enxuto, não apreciava a verborragia nem a retórica ribombante.

Um dia, em julho de 1995, a coluna fez gozação com o prefeito de Manaus. Aí, um vereador puxa-saco, que sequer havia sido mencionado, subiu à tribuna e esculhambou o Taquiprati, só pra mostrar serviço. O troco veio na semana seguinte, procurando, porém, poupar a irmã do bajulador, uma figura doce, que merecia explicações. A sugestão do Heyrton foi substituir um parágrafo de quinze linhas por um recado fulminante que dizia tudo: "Peço desculpas, mas teu irmão atirou primeiro."

Seu humor funcionava como uma fisgada sutil, ágil, de onde aflorava a verve popular. Os quatro testamentos do Judas, publicados em versos, em anos diferentes, foram redigidos por ele. No ano passado, Judas não poupou nem o Eduardo Braga: "E pro povo do Amazonas/ governado pelo Dudu/ deixo apenas a esperança/ de não mais tomar na rima." No testamento de 1987, Judas contemplou o então vice-governador: "Vivaldo Frota a ti deixo/ neste claro mês de abril/ pra curar tuas hemorroidas/ tubinhos de Cola Mil."

Cada ano, a família comemorava o aniversário de nós dois com uma única festa, celebrada no mesmo dia. O último foi há menos de dois meses, quando, somando as idades, completamos 134 anos. Sopramos as velinhas correspondentes que enfeitavam o bolo, onde aparecia impressa a foto da vovó cercada dos netos. De lá para cá, seu estado de saúde se agravou celeremente, o que podia ser constatado em cada visita.

Domingo passado, falamos sobre a morte. Quem puxou a conversa foi ele, quando perguntei: "E aí?" Respondeu sereno, digno, quase altivo: "Estou indo. Contrariado, mas sem medo." Enquanto o neto da vovó se ia, lembrei o poeta Vallejo: "Tanto amor y no poder nada contra la muerte."

Se você entrar agorinha no blog e clicar em "Perfil do Heyrton", vai ler esta frase: "Heyrton não fez nada de novo recentemente." Não é mais verdade. Fez sim. Nessa quinta-feira, dia 3 de setembro, às 13h30, ele foi embora, em paz, segurando a mão do filho e da filha, cercado do carinho da família, em casa, como queria, mantendo a lucidez até o final.

Teve uma única mulher, três filhos e seis netos, mas deixou muitas viúvas e dezenas de órfãos. Sou um deles. No próximo ano, completo, na maior solidão, apenas 63 anos, com a dor dos 73 que se foram. Rose perdeu seu companheiro de meio século. Dodora, seu mano de toda a vida. Os filhos, o pai exemplar. Todos nós perdemos o patriarca, o primo, o irmão, o tio, o avô, o conselheiro, o parceirinho querido de tantos dominós, porém, ficou sua referência ética. O leitor da coluna também perde seu "controle de qualidade", a rima e a veia poética desse cavalheiro de fina estampa. Ele se foi, levando com ele o cheiro da vovó.

Fiquei muito envolvida com a situação do meu pai e passei o mês após o seu falecimento um pouco recolhida. Com a doença dele, adiei minha cirurgia de reconstrução e só retornei aos médicos e aos exames em outubro de 2009. Comecei a escolher modelos para os meus seios novos (é, porque o outro que ficou precisava ser repaginado), inventar novos cortes de cabelo, pois eles já estavam encorpados, e me preparar para a Rio 2016! Não quero perder por nada essa festa aqui no Rio. Não quero perder por nada o espírito regenerador que se apossou de mim desde o meu diagnóstico, a alegria de viver e principalmente de rir de mim mesma.

Quanto ao meu pai, sei que não vou mais bater um papo, receber uma piada por e-mail, ouvir um "Fala, baixinha" no telefone antes de dar bom-dia ou tirar qualquer dúvida sobre qualquer coisa, já que ele era o meu Google particular, entre outras delícias. Mas tenho certeza absoluta de que ele diria: "Tá bom, baixinha, já fui mesmo, vai cuidar da sua vida." Fui.

Tem uma teoria que diz que um paciente, quando recebe um diagnóstico de uma doença terminal, passa por cinco estágios. Eu só me lembro de quatro. São eles: Negação, Negociação, Revolta e Aceitação.

Quando recebi o diagnóstico do câncer de mama, meus médicos garantiram que eu não ia morrer daquilo assim de pronto, e essa certeza, acho, me afastou de ser exatamente uma pessoa que vivenciou essas fases. Mas quando meu pai recebeu o diagnóstico do câncer de pulmão, eu sabia que não teria mais jeito, pois o câncer dele era bem diferente do meu e aí, sim, houve estágios bastante distintos.

Fiz uma livre interpretação dessas fases, baseada em fatos reais.

Negação. É a fase inicial, a primeiríssima, e pode ter seu lado bom, afinal, geralmente é esse impulso de negar que nos leva a ouvir outros diagnósticos. Negar até a página cinco, por favor. Negar do tipo "Não tenho nada" é burrice, mas negar do tipo "Esse médico é um idiota, vou procurar outro" algumas vezes, mesmo que raras, pode ser bom. Se há algo que deve ser feito em caso de qualquer doença mais grave é ouvir diferentes diagnósticos. Eu não fiz isso porque aceitei de cara o meu, adorei o astral dos meus médicos, como já falei, e confiei neles completamente. Afirmo e reafirmo que devemos iniciar o tratamento de câncer de mama muito rápido.

Negociação. Essa fase vem misturada com as promessas que a gente faz para os seres superiores e muitas vezes para nós mesmos: meu Deus, se me comportar direitinho vou ficar boa? A gente negocia tudo, barganha vira nossa palavra de ordem, quem fuma jura que vai parar, quem bebe idem, fazer farra nem pensar, juro voltar duas casas e esclarecer aquela mentirinha malcontada de dez anos atrás. É uma fase incrível que normalmente passa quando a gente fica boa.

Revolta. Não sei ao certo como meu pai se sentiu quando recebeu o diagnóstico dele, eu estava junto quando isso ocorreu, mas me fingi de surda. Ele sabia que o seu câncer de pulmão naquele estágio já não tinha cura, meu pai era um homem bem-informado, conectado, e é claro que ficou contrariado por estar indo embora sem ver as possibilidades infinitas que a internet, por exemplo, estava trazendo para as nossas vidas. Papai falava que, em poucos anos, o Brasil inteiro certamente teria banda larga e isso significaria a verdadeira democracia, fato que por pouco não veria e que ele tanto prezava. Além de não ver os netos crescendo, claro. Não conheci ninguém nesse mundo mais democrático que o meu pai. Um dia, conversando com o Babá, José Ribamar, do texto reproduzido logo antes, uma espécie de irmão escolhido e melhor amigo, ele disse: "Sei que estou indo embora, Babá, mas tô indo puto da vida!"

Aceitação. Poucos vivem essa fase, já que aceitar que vai morrer é muito difícil. No caso do meu pai, que não era religioso nem acreditava em reencarnação, significou um olhar distante, poucos sorrisos; nesse momento, ele se fechou em copas. Para mim, quando ele aceitou a morte, ele já tinha ido, quem estava lá era um avatar.

Um dia, estava eu no meio de uma reunião de trabalho por volta das 14h quando recebi um telefonema de "número particular" no meu celular. Ora, "número particular" no visor é quase um sinônimo de "Me atende pelo amor de Deus"; a curiosidade feminina vai às alturas e aposto e du-vi-de-o-dó que alguma mulher não se sinta tentada a atender. Atendido o telefone, deu-

-se o seguinte diálogo: "Sra. Clélia, por favor, a senhora poderia dar o seu número de CPF e RG para que a gente possa estar emitindo sua passagem para o evento?" Danou-se, pensei, já do lado de fora da reunião: telemarketing, pegadinha, sei lá, qualquer coisa do gênero. Que chatice! A moça repete novamente e eu saco outra opção do tipo, sei lá, ganhei algum concurso em que eu tinha me inscrito displicentemente num dia qualquer meio entediante. Nada, não lembrava de nenhum. Então ela começa a se explicar, já percebendo o meu total desconhecimento a respeito do assunto daquele telefonema sem pé nem cabeça.

Eu estava sendo convidada, na condição de blogueira, para um evento comemorativo do Outubro Rosa, que aconteceria no dia 8 de outubro, em São Paulo. O evento dava ênfase à questão da lei que assegura o direito a qualquer mulher acima dos 40 anos a fazer a mamografia no SUS, de graça. Estávamos lá, eu e algumas blogueiras do Brasil (não sei quantas, mas umas quarenta), para espalhar essa informação nas redes sociais e, principalmente, nos nossos blogs.

Mas vou além e refaço aqui a proposta: avise à moça do supermercado que já sabe tudo que você come na semana, à trocadora (cobradora) do ônibus que você usa com regularidade, à atendente da lanchonete onde você toma aquele cafezinho bem gostoso, à moça da faxina do prédio do seu escritório que ouve você falar no telefone e deve saber de cor o nome de toda a sua família, à ascensorista do prédio dos seus inúmeros médicos que já viu você sair rindo, chorando, comemorando, pensativa, enfim, mulheres que estão na sua vida quase todo dia, mas que, por algum motivo, você não vê. Avise a elas, explique como funciona, tenho certeza de que a partir desse momento ela não será mais invisível. E nós todas estaremos espalhando essa notícia aos quatro ventos!

E, embora, no final de novembro, tenha sido veiculada a notícia de que o governo americano "sugere" que, para mulheres sem histórico de câncer na família, a mamografia seja feita após os 50 anos, visto que os casos de óbito abaixo dessa faixa são numericamente inexpressivos (!), eu continuo minha campanha para que o exame seja feito de seis em seis meses a partir dos 40 anos.

Eu não tinha histórico de câncer na família, até meu pai receber um diagnóstico de câncer de pulmão que estava oculto há muitos anos. Meu câncer foi detectado aos 45 anos, numa mamografia de rotina, e eu já tinha três tumores. Se eu esperasse cinco anos, até os 50 que os médicos sugerem, talvez não chegasse lá. Agora, feliz da vida de ter descoberto meu câncer a tempo de tratá-lo, vou preparando com calma minha caminhada rumo aos 50.

5. Cirurgia de reconstrução, vida que segue

Pretendia fazer a minha cirurgia de reconstrução em janeiro de 2010, mas antes tive que retirar o cateter, e o Carnaval, época nem sempre propícia para cirurgias, estava próximo. Esse tipo de cirurgia de reconstrução dura em média oito horas (ninguém quer que o médico corra numa hora dessas), e a agenda estava complicada para os envolvidos: médico, paciente, centro cirúrgico, as férias da moça que trabalha lá em casa, o retorno às aulas na PUC etc.

Mas o fato mais incrível nesse período foi o papo surreal com a atendente do plano de saúde, digno de um telemarketing de quinta! Uma funcionária da Clínica São José (onde me operei) me ligou para comunicar que eu precisava mandar um documento para o meu plano de saúde comprovando a necessidade da cirurgia de reconstrução. Para mim, isso era óbvio: se eles autorizam a tirar vão ter que autorizar a colocar de volta, certo? Nananinanã, o plano de saúde não entende assim, e é necessário um exame de imagem para comprovar. Então, resolvi ligar pra lá com o numerinho do meu protocolo em mãos. A moça, muito gentil e já acostumada a levar bronca, atendeu: "Então, minha senhora, preciso de qualquer exame de imagem do seio que vai ser retirado." Juro por Deus que ela falou isso! Eu, ainda calma, disse que seria impossível, que o seio já era, e que o que eu queria era ganhar um novo em folha. Não teve jeito, eu teria que mandar o laudo de um seio que não tinha mais. Mandei. E fiquei com medo que eles não autorizassem, afinal, a imagem que eu tinha era a da mama direita, e fiquei com mais medo ainda de, na hora, eles me tirarem o outro seio.

Satisfeita a burocracia, fiz a cirurgia de reconstrução da mama mastectomizada no dia 18 de fevereiro às oito da manhã. Meu plano inicial era fazer a reconstrução e a plástica no outro seio, para que ambos ficassem parecidos e ninguém se sentisse prejudicado. Mas, como fiz a radioterapia antes, o que, no meu caso, foi a decisão acertada, o tecido estava superaderente e meu precioso médico Maurício demorou mais do que o previsto; a cirurgia levou sete horas. Sem tempo e com muita perda de sangue, decidiram, na sala de operação e sem a minha opinião, deixar para a próxima. Outra decisão acertada; não imagino como me viraria com os dois braços inoperantes.

Já em casa com o meu peito modelo pera novo em folha, acompanhada dos dois drenos horrorosos de estimação que rolam depois de uma cirurgia e com o auxílio precioso da minha mãe, minha filha e Rai, fiel escudeira, ainda não tinha me apegado ao seio novo: ele estava inchado, curativado e sem bico. Confesso que ainda gostava mais do outro, velho e surrado, mas o dr. Maurício disse que tinha sido um sucesso e que dali a três meses eu seria uma pessoa equilibrada com meus *air bags* todos certinhos.

Aluguei uma cama hospitalar, e é um conselho que dou a todas que podem. Deixei todos os controles remotos possíveis ao meu alcance e o laptop no colo para me contactar com o mundo.

O Carnaval de 2010 no Rio de Janeiro foi uma loucura de blocos de rua. Só no meu bairro tiveram uns 25, aliás, no domingo pós-Carnaval tinha um berrando bem na esquina, skindô, skindô. E eu, operada, só ouvindo "É hoje o dia da alegria, e a tristeza nem pode pensar em chegaaaar"! Ai, ai. Adoro o Carnaval de rua, sou fundadora de dois blocos aqui no Rio (Suvaco do Cristo e Me Beija que Eu Sou Cineasta), mas pretendo em 2011 encarar uma Sapucaí e fazer o meu topless em rede nacional!

Um novo corpo

No exato 27º dia pós-cirurgia de reconstrução da mama esquerda eu estava já (quase) recuperada e a todo vapor.

Prezados leitores, vou contar uma coisa pra vocês: nunca, na história dessa pessoinha que vos fala, a dita cuja aqui sentiu tanto desconforto na vida, valha-me, Deus! Tinha a real impressão de que um caminhão havia me atropelado em alta velocidade. E que tinha vindo um fusquinha atrás pra arrematar.

Como falei, estava (quase) plenamente recuperada. Já conseguia dar minha caminhada (nada de bicicleta ainda), coçar as costas, limpar o bumbum, dormir de ladinho por algumas horas, amarrar o meu tênis, entre outras singelas habilidades temporariamente fora de cogitação, e já havia tirado alguns dos mais de 350 pontos que me faziam uma colcha de retalhos. Melhor assim, estava mais perto do que eu sou.

Nunca pensei que reconstruir fosse pior do que destruir e ouso dizer, e finjam que estou falando bem baixinho, que a mastectomia foi mais relax. E agora vou dar uma declaração mais confidencial ainda: não há nada que me deixe mais de mau humor que uma noite maldormida, e foram 15 noites desse jeitinho, insuportáveis. O único motivo que me deixa feliz por não dormir é sexo!

Fora isso, estava tudo bem. Começava a me apegar ao seio novo, já achava bonitinho, não estranhava sua forma extremamente juvenil e sabia que ele ficaria mais bonito que o outro seio, que apesar, graças aos céus, de ser bem, bem sadio já sentia os efeitos da lei da gravidade, esta sim, implacável.

Algumas dicas:

1. Durante os primeiros 15 dias após a cirurgia de reconstrução, use aquele sutiã anatômico nada sexy, mas necessário, e que faz toda a diferença na sua recuperação. Não se importe com a imagem.

2. Passados esses primeiros dias, quando você se livra da camisa de força que é o sutiã-couraça, parta para aquele modelito que te dá possibilidade de colocar enchimento. Quando a gente faz a reconstrução em etapas como eu (primeiro reconstrução,

depois o bico e acertar o outro), nunca, mas nunquinha mesmo os dois ficam exatamente iguais. No meu caso, um era 42 e o outro, 44, quiçá 46. Estava estranhíssima pelada.

3. Se puder, repito, alugue uma cama hospitalar. Dá um conforto espetacular, além de uma grande autonomia.

No mais, pense que o processo está chegando ao fim e que você estará gatita logo, logo. O que mais me chateou foi não poder dar a gargalhada que eu tanto gosto. A sacudida que acompanha uma gargalhada realmente não combina com pontos e reconstrução.

Acompanho com certa regularidade uma série chamada *Brothers and Sisters* que passa na TV a cabo e que é, na verdade, uma novelona. Como diz o título, é uma família de cinco irmãos (um já deu uma sumida, deve ter ido fazer outro programa) cuja mãe é nada mais, nada menos que a eterna noviça voadora, Sally Field. Só quem é mais ou menos da minha idade sabe a importância da noviça voadora na nossa vida, intrépida freirinha que, além de tudo, voava! Comecei a acompanhar por isso, e não parei mais. Uma das filhas da Nora (esse é o nome da Sally Field na série), a republicana Kitty, está com câncer e começa a passar por toda a angústia de uma portadora da doença. Não sei qual é o câncer dela (perdi algumas partes), mas assisti ao episódio em que ela raspou a cabeça para não ter que enfrentar a tão temida queda dos cabelos inerente à quimioterapia. E me emocionei. Quando meus cabelos começaram a cair e ficavam pelo travesseiro, nas roupas, nos rostos dos amigos quando ia dar dois beijinhos, e outras bizarrices que não vou mencionar, achei que já era hora de fazer o mesmo que a Kitty: tacar máquina neles! E foi o que eu fiz, como já contei aqui. Como fazia um certo tempo (meus cabelos já estavam lindos!), eu achava que já tinha um pequeno distanciamento da situação. Qual o quê: lá tava ela ali de volta. Apesar da baboseira que é um novelão como esse, me emocionei e lembrei que esse foi um dia especial na minha convivência amigável com o câncer. No momento em que raspei minha cabeça, tive o controle da situação, foi uma opção, e naquele dia percebi o inevitável, que toda a minha aparência iria sofrer modificações e que eu teria que lidar com elas da melhor maneira possível. Foi uma boa atitude, foi um bom ritual e foi um novo começo. E, além de tudo, descobri que a minha cabeça era linda.

Com a recuperação já adiantada, resolvi tirar dez dias de férias, merecidas, claro, com a minha filha e fomos à Patagônia em abril de 2010. Fomos ao Parque Glacial, onde conhecemos Perito Moreno, uma geleira assombrosa! Talvez por ter passado a minha infância em Manaus, onde a temperatura de 35 graus e mais a umidade do ar não sei de quanto deixam a pessoa louca, no meu imaginário infantil as princesas sempre moravam em lugares exóticos, com neve, e, já na minha vida adulta, acessíveis ao meu bolso. A Patagônia era um desses lugares, e realmente é incrível, não me arrependi da escolha.

Por conta das minhas pequenas férias e das pequenas férias do meu médico em meados de maio, minha cirurgia de lanternagem geral (desenhar o mamilo e consertar o outro seio) ficou para junho, quando todos os interessados (eu e ele) estaríamos bastante descansados. Como essa cirurgia é o ajuste final, seria ótimo vê-lo operando com um sorriso no rosto, típico de quem volta de umas merecidas férias.

Quando estamos de férias nos permitimos certas extravagâncias. No meu caso, que fui para um lugar frio, os casacos pesam, a gente tensiona, bolsas pesadas, enfim, uma piscina aquecida no hotel é uma excelente pedida. Agora, fala sério (como diz a Elisa), quem leva na mala um biquíni quando o destino é a Patagônia? Pois é, mas quem é o povo mais criativo (pelo menos é o que dizem) do mundo? Nós, brasileiros. Pois bem, não vou dizer de que maneira, mas acabamos lá na piscina, e eu me dei ao luxo de fazer uma massagem. Agora começa a nossa conversa.

Fazer uma massagem pós-reconstrução com uma pessoa que você não conhece e que fala outro idioma é, no mínimo, estranho. Eu ainda me recuperava, a aparência da cicatriz não era das mais agradáveis e tinha um pouco de fofinho nas extremidades dos pontos das costas. O dr. Maurício me indicou massagens, mas nunca pensei fazê-las em outro país.

Para completar, o clima seco de lá e a memória epidérmica da radioterapia deixaram meu seio reconstruído bastante seco, e aí vai uma dica importante: guarde o Biafine que você usou durante a radioterapia. Você irá usá-lo com certeza em outra ocasião, caso contrário, parece que a gente está trocando de pele mais uma vez.

A parte mais comovente e incrível dessa história é que, quando comuniquei à massagista a minha condição de recém-operada, ela, assim como numa irmandade rosa, abriu a blusa e me mostrou a cirurgia dela. Aquela mulher de 52 anos havia retirado sua mama esquerda havia quatro anos e comemorava naquele dia vinte anos de casada. Nem preciso dizer que foi uma das melhores massagens da minha vida e que hoje tenho uma amiga na Patagônia! Seu nome? Beatriz. Nome de princesa.

* * *

Estive bem perto da Terra do Fogo, mas naquele abril a terra do fogo era o Rio de Janeiro do meu querido Botafogo! Dedico este texto ao meu Pai, que sempre me estimulou a ir bem longe, e onde fui parar? Quase no fim do mundo!

* * *

Mamãezinha querida

Quando a gente passa por um câncer de mama e tudo o que isso significa — milhares de exames, quimioterapia, radioterapia, cirurgia de mastectomia, cirurgia de reconstrução, ufa!, é um período da vida, no mínimo, emocionante —, normalmente, os nossos familiares passam por isso junto conosco, ali do nosso ladinho, às vezes atrapalhando, às vezes dando força e às vezes não fazendo nada. Alguns deles ficam doentes junto com a gente e outras vezes os deixamos doentes junto. Isso é um perigo. É muito difícil para uma família viver um câncer, ele pode facilmente desestruturar a rotina de uma vidinha que ia ali, sem muitos sobressaltos a não ser os de sempre. Tem família em que o câncer dá uma sacudida, uma reviravolta louca, algumas pendem para o bem e outras para o mal, mas nenhuma passa ao largo, jamais a família será a mesma. Ouvi relatos dos mais diversos, de marido que não sabia o que fazer com a mulher mastectomizada, da mulher mastectomizada que deu um pé na bunda do marido, da filha que estava com medo de perder a mãe, de casal que mudou totalmente de vida, enfim, de tudo.

No caso da minha família nuclear — pai, mãe, irmãos, sobrinhos, cunhado —, nós já estamos, digamos assim, experientes. Vivemos dois processos bem distintos: o meu câncer, que começou em maio de 2008 e neste momento não existe mais (espero que nunca mais, toc, toc, toc), e o do meu pai, descoberto em janeiro de 2010 e infelizmente vencedor em setembro do mesmo ano, quando ele faleceu em casa, ao lado dos filhos e da mulher. Nos dois casos, é claro, começamos a briga em posições diferentes. O meu, desde sempre soube que era controlável, o que me permitiu sair por aí, lá, lá, lá, iá. Já o do meu pai foi uma bomba-relógio; nós o víamos definhando a cada dia, ele foi perdendo a esperança, o olhar ficou mais distante e a fisionomia mais tensa com a dor que sentia. Foi muito triste vê-lo indo embora, e é aí que penso na minha mãe, que passou por dois cânceres, um com perda. É preciso ser macha! E a dona Rose é cascuda! Perder um companheiro de 48 anos e ainda apaixonado deve ser de danar! É preciso ter paciência para deixar o tempo agir e as lembranças boas ressurgirem. Mamãe é uma pessoa de muita energia, que, como já falei aqui, tem uma força de bateria de escola de samba, é até meio barulhenta, meio italiana, um bom humor (exceto quando é acordada!), mas que vai do bom humor ao drama numa velocidade estonteante; chega a ser até engraçado! Quando fica quieta, calada, sorumbática, pode ter certeza de que ela está triste.

Estou falando da minha mãe porque os dias que passei sozinha com a Elisa foram bem interessantes para nós. Ficamos juntas todo o tempo, e percebi claramente como ela amadureceu, o quanto a minha doença mexeu com ela. Conversávamos como adultas. E foi aí que senti muitas saudades da minha mãe. Como deve ter sido difícil pra ela acompanhar todo o meu processo, como deve ser difícil conviver com a possibilidade de perder um filho, afinal, o câncer mata, e como mata. Foram dois anos muito difíceis para a Rose.

A próxima viagem seremos eu e ela, para Buenos Aires! A cidade tem duas coisas que mamãe adora: uma comida espetacular (e, como o nosso dinheiro está forte e o peso baixo, estamos com um poder de compra considerável) e o tango; mamãe ama dança. Uma viagem será muito bom para renovarmos nossos votos de mãe e filha, amigas para sempre.

Dois anos depois do início do meu tratamento, cheguei ao final do processo de restauração mamária, refiz o bico do seio mastectomizado e reconstruído em fevereiro, que ficou lindo como uma flor e, claro, dei uma geral no outro. Dali em diante eles olhariam pra frente, e na mesma direção!

Um corpo mais novo ainda

A última cirurgia foi tranquila, sem muitas novidades em relação à recuperação. O braço ficou um pouquinho sem movimento, mas já sabendo que, com o tempo, voltaria ao normal. Eu já dominava a situação e, ao abrir os olhos, já pensava nos modelitos de verão, na Copa do Mundo e nas eleições. Mas, antes de tudo isso, descobri o mundo maravilhoso dos sutiãs.

Costumamos seguir uma rotina, e euzinha todo dia faço tudo sempre igual, acordo, lavo o rosto ou tomo banho, escovo os dentes, passo demoradamente um hidratante, visto a calcinha e o sutiã. Epa, peraí! Sutiã?! Rá, rá, rá, aqui a coisa mudou, ah, mudou, e ganhou um colorido especial. Por anos repito o ritual e há anos olhava os meus seios meio de banda, desde sempre eles não foram assim, como dizer, uma... Brastemp. Gostava deles porque gosto de mim, sou canceriana e me apego a tudo e a todos que me dão prazer. E eles sempre me deram prazer, do sexo à amamentação, momento em que viraram dois melões gigantes. Depois que a fase acabou, já imaginou o resultado, né? Fora isso, com toda a sinceridade, eles não eram nada, nem de longe o modelo ideal. O fato é que minha ascendência indígena se fez presente, e diria que 80% dessa presença se deu nos meus seios, num traçado divino pelo GPS da natureza. Pois é, filmou? Pense naqueles documentários do Discovery, um tantinho estereotipados, nos filmes do Xingu... Lembrou agora? Então, é isso. Eles pendiam para a lateralidade, e o teste do lápis poderia ser feito tranquilamente com uma garrafa Pet de 600 ml. Juro! A lei da gravidade se abateu naquela região quando eu tinha apenas 20 anos. Estava longe de ser uma Iracema, a virgem dos lábios de mel. E, para completar, eles eram manequim 42 na maior parte do tempo e cresciam para o 46 nos três dias que antecediam a menstruação, e aí ficava até mais interessante e seria bem mais proveitoso, se a TPM não viesse junto. Daí que, na hora de vestir o sutiã, sempre rolava uma invejinha das moças que colocavam um sutiã como quem bebe água. Agarrava um óóóóódio. Mas a situação havia mudado, eba. Meus seios estão bem mais bonitos. Depois que o conforto se instalou e o corpo se acostumou com a nova situação, fico embevecida admirando a modificação que driblou a natureza, mesmo que motivada por uma má notícia. Além do fato clínico, afinal meu médico é um artista, convenhamos, tem o lado psicológico da história! Eu afirmo que o dr. Maurício, que é um grande mastologista, tem também um quê de terapeuta: ele mudou a minha vida e vou falar o motivo agorinha mesmo. Hoje, com um seio novo e o outro recauchutado, posso me dar ao luxo de ficar sem sutiã quando quiser, e isso mudou meu astral pela manhã. O meu ritual ficou mais interessante, e ali, coladinha com essa mudança, vem a mudança de guarda-roupa, lógico. Sou da época em que os sutiãs não tinham muitos recursos, aliás, recurso nenhum, então sempre tive dificuldades de usar os seguintes modelos:

a) costas nuas;

b) tomara que caia.

Nossa, como eu queria poder ter usado mais vezes um ou outro, mas todas as ocasiões em que tentei não deram muito certo, e minhas gambiarras geralmente eram desastrosas e não seguravam a onda até a manhã seguinte. Em consequência dessa mudança, abriu-se um novo mundo, o mundo maravilhoso dos modelos de sutiãs! Meu Deus, por onde andavam esses estilistas que transformam essa peça feminina num artefato incrível no guarda-roupa de uma mulher? O que são esses modelos, cores, alças, tecidos e estilos tão diferentes?

E aqui vai uma dica para mulheres que vão fazer reconstrução de mama: vá guardando dinheiro desde já para esse momento e para experimentar os modelos incríveis que estão disponíveis no mercado; você vai precisar dessa economia até passar a fúria consumista inicial que se apossa depois de tirar o dreno, vestir uma camisa listrada e sair por aí! Camisetas cavadas, blusas mais transparentes e o que você imaginar, tudo fica lindo! Pelo menos pra mim foi assim.

A gente pode também ser protagonista daquelas cenas de filmes americanos sobre o cotidiano de uma mulher divina e descolada. Ela veste ou circula pela casa com uma camisa branca de algodão e uma calçola rasgada, mas fica superlinda! Pois eu afirmo, metade dessa confiança tem relação com os seios.

Pois bem, quando comecei a me acostumar e a gostar muito dos meus seios novos era inevitável que eu mudasse um pouco o guarda-roupa, claro, e, como já perceberam, comecei pela minha gaveta de calcinhas e sutiãs e aos poucos fui deixando pra trás uma Clélia mais inibida. Cada sutiã que separava para jogar fora ou doar era uma situação diferente de que me lembrava e que agora ficava para trás. Foi um alívio!

Depois que fiz essa limpa, saí para comprar uma blusa de costas nuas, experimentei e ficou linda! Virei de costas e me toquei, caraca, a minha cirurgia de mastectomia me deu uma cicatriz cruzando metade das costas, bem na altura da marca do sutiã! Ah, quer saber? Tô nem aí, a minha cicatriz é linda, faz parte da minha história e não me constrange nem um pouco. Me deu uma vontade danada de comprar um vestidinho tomara que caia.

Epílogo

Saudosamente me despeço de vocês

Durante todo o período em que escrevi no blog, que nasceu em maio de 2008, recebi um número expressivo de lindas mensagens, algumas bem fortes, outras solidárias e muitas, muitas mesmo, cheias de carinho. Algumas me emocionaram bastante, pois bem sei o que é ter apoio, mesmo que distante, na hora em que recebemos o diagnóstico de câncer de mama e ficamos com uma sensação de "barata voa", espalhadas, enlouquecidas e perplexas, e parece que o blog fez companhia para muita gente. Todas as mensagens me deram a certeza de que compartilhar com outras pessoas esse pedaço da minha vida foi uma escolha acertada. Se me expus? Sim, um pouco. Mas não poderia ser diferente nem me arrependo, pois a cada texto que eu postava ficava mais forte, proativa, positiva. Se me arrependo de alguma bobagem que tenha contado? De maneira nenhuma! Fiz amigos, conheci outros sotaques, estilos de vida, outras histórias parecidas com a minha e, acima de tudo, me diverti muito! E me divertindo fui ficando mais próxima da linha de chegada. Ganhei medalha de ouro!

O fato é que o blog me abriu algumas portas, e uma delas é este livro. Na passagem para o mundo físico, alguns posts foram ampliados e textos novos foram introduzidos, muitos originados da colaboração de leitores e amigos em forma de comentários discretos, uma frase solta e até um papo reto. Os textos do blog foram escritos no calor da hora; essa emoção está mantida aqui, acrescida de informações que só depois pude parar para obter.

Estou curada, feliz com a minha vida pós-câncer. Tenho certeza de que saí dessa melhor do que entrei.

Está na hora de pôr um ponto-final nessa fase, que felizmente teve um final feliz. Nesse período perdi meu pai para o câncer de forma avassaladora, mas minha filha deixou de ser criança, se tornou uma adolescente gente fina e uma adulta mais gente fina ainda, minha primeira e preferida sobrinha Nena se formou no ensino médio, meu outro e primogênito sobrinho Eduardo entrou para a universidade (pública, ufa!), a Rosa da Rosane aprendeu a ler e não parou mais, chegou a Ana para encher de alegria e de felicidade a vida do Babá e da Alfaro, e nos lembrar, enfim, que a vida segue, e como diria Lulu Santos parafraseando Heráclito: "Nada do que foi será de novo do jeito que já foi um dia, tudo passa, tudo sempre passará."

Aos amigos que fiz nessa jornada, o meu desejo de uma vida longa e feliz. Que a gente siga em frente com a mente alerta, muita saúde e o coração tranquilo.

Um forte abraço, com muito carinho,
Clélia Bessa

Adendo

> "Vim Venders e Aprendenders"
> (pixação de muro, autor anônimo)

Este livro está saindo junto com o filme *Câncer com ascendente em Virgem*, que foi baseado no blog "Estou com câncer, e daí?", que por sua vez originou o livro. Parece um fechamento de um ciclo... e é. Espero realmente que o livro e o filme amplifiquem muitas vozes, tragam luz, alguma paz e sorrisos para momentos que são cruéis quando recebemos esse diagnóstico. "Como uma célula louca pode mexer tanto com a sua vida?", pergunta a personagem Clara, no filme. Pois é, no meu caso, mudou para melhor. Que assim seja para todos.

Ah, e atualizando: minha filha Elisa se formou em Cinema, sem antes passar por Ciências Sociais, se tornou uma mulher gente fina, parceira, uma filha amiga. Minha sobrinha Nena se formou em Direito, meu sobrinho Eduardo, em Engenharia de Produção, a Rosa da Rosane ganhou um irmão, o Daniel, e hoje cursa Design. O Babá e a Alfaro ganharam mais uma neta, a Maya, uma espoleta. E minha mãe? Pois é, dona Rosilene se reinventa, largou definitivamente o buraco online e entrou num coral, o que deu a ela um novo grupo de amigos animados que enchem vans e saem cantando por aí, em shows próprios ou de artistas que admiram.

E citando Ana Claudia Arantes: "O contrário de vida não é morte, é nascimento. A vida é um intervalo entre o nascimento e a morte", ou seja, vida é o que tem no meio.

Cá estamos, vivas!

Agradecimentos

Este livro só foi possível graças às pessoas que atravessaram a minha vida, na alegria e na tristeza, na saúde e na doença.

Minha filha Elisa, meu amor maior.

Meu oncologista Eduardo Bandeira de Mello e meu amigo médico Mauri Svartman, meu guru.

Liliane Dias, minha parceira profissional de duas décadas, sempre firme e presente.

A Família Cabral, pelo drama, e a Família Bessa, pelo humor. Dois pesos e duas medidas fundamentais para qualquer existência.

Meu amigo Maurício Lissovsky (*in memoriam*) pelos livros que me fez ler, e minhas amigas Rosane Svartman e Paola Viera, por tanto e tudo que passamos juntas.

Minha mãe Rosilene, minha tia Dodora e meu primo Babá, sempre segurando minha mão.

E meu pai, Heyrton (*in memoriam*), meu primeiro amor.

CIP-BRASIL. CATALOGAÇÃO NA PUBLICAÇÃO
SINDICATO NACIONAL DOS EDITORES DE LIVROS, RJ

B465e

Bessa, Clélia

Estou com câncer, e daí? / Clélia Bessa ; colaboração Bebeth Lissovsky. - 1. ed. - Rio de Janeiro : Cobogó, 2024.

168 p. ; 21 cm.

ISBN 978-65-5691-155-7

1. Bessa, Clélia. 2. Câncer - Pacientes - Biografia. 3. Mamas - Doenças - Diagnóstico. I. Lissovsky, Bebeth. II. Título.

24-94679   CDD: 926.16994
                CDU: 929:618.19-006(81)

Gabriela Faray Ferreira Lopes - Bibliotecária - CRB-7/6643

© Editora de Livros Cobogó, 2024

Editora-chefe
Isabel Diegues

Editora
Aïcha Barat

Coordenação de produção
Melina Bial

Assistente de produção
Priscilla Kern

Colaboração
Bebeth Lissovsky

Revisão final
Carolina Falcão

Projeto gráfico e diagramação
Mariana Taboada

Capa
Felipe Braga

A opinião dos autores deste livro não reflete necessariamente a opinião da Editora Cobogó.

Nenhuma parte desta obra pode ser reproduzida, adaptada, encenada, registrada em imagem e/ou som, ou transmitida de nenhuma forma ou por nenhum meio, sem a permissão expressa e por escrito da Editora Cobogó.

Todos os direitos reservados à
Editora de Livros Cobogó Ltda.
Rua Gen. Dionísio, 53, Humaitá,
Rio de Janeiro, RJ, Brasil — 22271-050
www.cobogo.com.br

2024
———————
1ª impressão

Este livro foi composto em Calluna.
Impresso pela Imos Gráfica e Editora,
sobre papel Pólen Natural LD 80 g/m².